# 21世紀の経済社会を構想する

## 政治経済学の視点から

森岡孝二・杉浦克己・八木紀一郎編

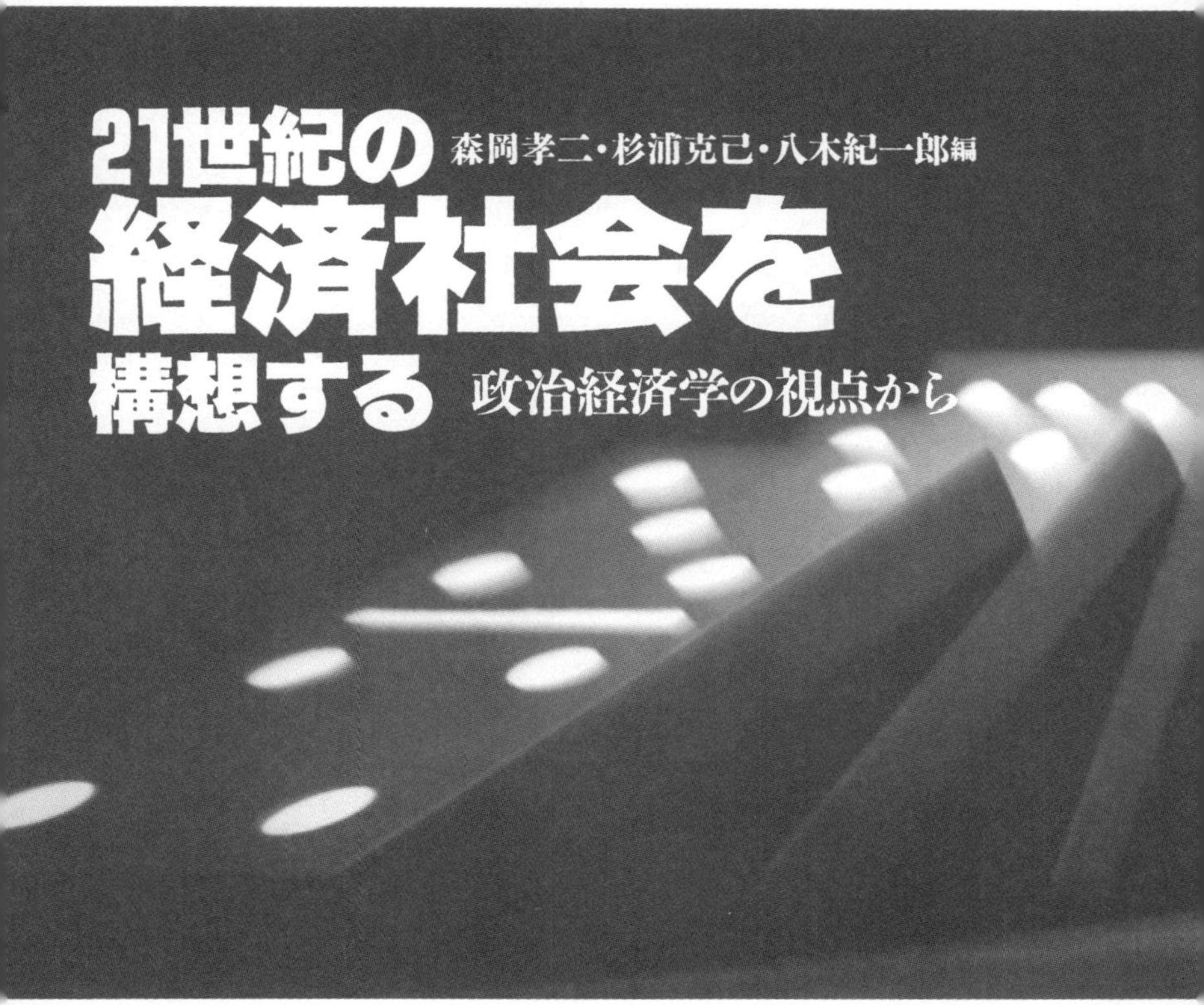

桜井書店

# まえがきにかえて

わたしたちが本書の企画を思い立ちその趣意書を執筆者の方々にお送りしたのは、二一世紀のカウントダウンが始まった二〇〇〇年一二月のことでした。いま「まえがき」にかえてここに掲載することをお許しいただけるなら、そのときの手紙の文面は次のようなものでした。

拝啓　年の瀬も押し迫り、皆様には何かとご多忙のことと存じます。

さて、突然ですが、出版企画について緊急のご相談とお願いのお手紙を差し上げる失礼をお許し下さい。ホブズボームが「極端な時代」と呼んだ二〇世紀が終わり、新しい時代への不安と希望を乗せていまま さに二一世紀が船出しようとしています。一九世紀にマルクスが観察した富と貧困の対立、労働の疎外、恐慌、失業などの資本主義社会の諸現象は、それらの影響を緩和するための社会保障その他の制度を生み出しながらも、二〇世紀にもなお根本的には克服されず、二一世紀に持ち越されます。新世紀は、いまわたしたちが目の当たりにしている時代状況——核の恐怖の存続、アメリカの覇権の下でのグローバリゼーション、引き続く規制緩和、深まる地球環境破壊、浪費的な消費主義の拡大、長期化する日本の不況と財政危機——から始まるという点でも、大きな困難を背負わされています。

しかし、他方、二〇世紀は民主主義と人権の巨大な前進の時代でもありました。人間の尊厳、個人の尊重、両性の平等、環境の保全といった価値がかつてなく強まり、その結果、以前には見過ごされてきた諸事象が重要な社会問題になってきた時代でもありました。こうした流れは、二一世紀にはますます強まってくるものと思われます。

経済学は現実の経済社会システムの批判的分析を自己の使命としていますが、その際のアプローチは、経済学が描く経済社会像や経済学者が抱く価値観に大きく左右されます。その意味で二一世紀がどんな時代になると考えるか、二一世紀をどんな時代にしたいと考えるかは、わたしたちにとって避けて通れない課題です。それは崩壊したソ連型社会主義に替わる新しい社会主義を唱える場合にも、社会主義とは別の第三の道を構想する場合にも、あるいは体制論的発想から離れた個別の制度改革や行動・生活スタイルの変革を提起する場合にも、同様にいえることです。

こうした問題意識から、わたしたちは、二一世紀の幕開けに際しての経済学者の発言集として、「経済学は二一世紀をどう構想するか」を共通テーマに、緊急に一書を編もうと企画しました。編者三人がたまたま経済理論学会に所属していることから、執筆は同学会の会員の方々に広く依頼することにしました。結果はおそらく、主流派の経済学者を中心にしたものとは違った傾向のものになると思いますが、それについてはわたしたちはむしろ本出版の価値を高めるものであると考えます。また、出版は『経済理論学会年報』の編集でお世話になってきた桜井香さんが新たに起こした桜井書店にお願いしようということになりました。

以上のような企画の趣旨をご理解のうえ、執筆にご協力いただければ幸いです。内容は経済社会システムの全体にわたるビジョンの提示も大いにけっこうですが、各位の専門分野、得意分野に問題を絞ってお

書き下さることも歓迎します。（以下略）

このようなわたしたちのお願いに応えて、健康上の理由やその他の特別な事情のある少数の方を除いて、みなさんが執筆にご協力くださり、二三編の論攷が寄せられました。それらは、当面する社会経済システムの改革の個別課題を取り上げたものや、新しい経済社会のグランド・デザインを提示したものだけでなく、二〇世紀の資本主義を回顧したものから二一世紀の経済学の課題を展望したものまで、じつに多岐にわたっております。

内容的にはどの一編もきわめて個性的ですが、執筆依頼の趣旨からすべてが「二一世紀の経済社会を構想する」ことを主題としている点で、安易な並べ方を許さないところがあります。しかし、執筆者（五十音）順にするというのも工夫がなさすぎますから、全体をⅠ「世紀を越える資本主義」、Ⅱ「新しい経済社会の可能性」、Ⅲ「改革の焦点と課題」、Ⅳ「政治経済学の再生に向けて」の四部構成にいたしました。多少すわりのよくないものもあるかもしれませんが、あくまで便宜的な配列であることをご了解ください。

ともあれ、二三編の論攷は、いずれも一万字前後の短い分量であるだけに、執筆者の経済学観、資本主義観、近未来社会観を簡潔明瞭に示しています。本書がこれからの経済社会と政治経済学のあり方を探求し討論する一助となれば幸いです。

編者一同

二〇〇一年四月五日

# 目次

# Ⅰ　世紀を越える資本主義

# 資本主義の逆流と社会主義の新たな可能性

伊藤　誠

カール・マルクスは未来社会の詳細な構想を書き残していない。ユートピア社会主義者と対照的である。それはマルクスの政治経済学の弱点であろうか。むしろ『資本論』における資本主義市場経済の徹底した考察により、社会主義の論拠が明確になるとみていたマルクスの方法論がいま輝きを増しているのではなかろうか。一方で、現代の資本主義が歴史的発展傾向を螺旋的に逆流させて競争的な市場経済を再活性化させつつ、その原理的作用の現代的発現による症候群を累積的に露呈しつつあるからである。他方で、ソ連型社会主義の挫折とその後の体制改革の悲劇的困難、中国社会主義市場経済の実験の意味を省察しつつ、グローバル化する資本主義市場経済のもたらす不公正、暴力性、不安定、不平等の意義とその是正の方向性をめぐり、二一世紀へ同権的で人間主義的社会主義の多様な構想による再生の試みがまたマルクスの思想と理論にもとづいて展開される余地が大きいからである。

**いとう・まこと**
1936年生まれ
國學院大學経済学部教授・東京大学名誉教授
専攻：理論経済学
*The Japanese Economy Reconsidered*, Palgrave, 2000
*Political Economy of Money and Finance*, Macmillan and St. Martin's, 1999
『市場経済と社会主義』平凡社，1995年，ほか

二一世紀が新たなミレニアムとともに始まった。かえりみて二〇世紀にいたるミレニアムにおけるもっとも偉大な思想家はだれか。一九九九年秋にBBCオンラインが実施した世論調査では、アインシュタイン、カント、デカルトらをしりぞけて、カール・マルクスが首位を占めた。実際、マルクスの社会主義思想は、資本主義市場経済の原理を体系的に解明した主著『資本論』を学問的基礎とすることにより、知的に深い感銘を与え続け、二〇世紀にロシア革命をはじめとするマルクス主義的社会変革を世界各国にうながし続けた。それと直接間接に連動しつつ、『資本論』にもとづく社会科学としてのマルクス経済学の研究も広範な関心を集めていた。その発展の一環として、日本では宇野弘蔵による一連の独創的な研究が大きな影響を与えてきた。宇野は、『資本論』を資本主義経済の原理論として位置づけ純化整備するとともに、それにもとづく資本主義の世界史的発展段階論とさらに日本資本主義分析のような現状分析とを異なる研究次元に体系的に区分する三段階論の方法を提唱するとともに、マルクス経済学をそれ自体としては歴史的事実と論理にもとづく客観的な社会科学としての認識をめざすものとみなし、ソ連型「正統派」マルクス主義経済学の党派的・思想的認識方法に批判的に対峙する立場をとっていた。そのことが、資本主義の原理、発展、現状のより正確な理解を可能とし、社会主義の思想と運動にとっても学問的に確実な根拠を提供しうると考えていたのである。

しかし、二〇世紀の最後の一〇年に生じたソ連型社会主義の崩壊は、とくに日本では一九七〇年代以降の労働運動や学生運動の困難と停滞をうけて、社会主義の思想と運動に重大な打撃を与え、市場原理万能の新自由主義と新古典派経済学の支配のもとで、マルクス経済学にもきびしい冬の時代をもたらしている。こうした時代の試練に応え、『資本論』と宇野理論をどのように活かし新たな世紀をむかえた資本主義の動態を批判的に総括し、あらためて社会主義への期待を学問的にふたたびきり開いてゆくことができるか。われわれ後続世代がうけとめなければならない課題は重く大きい。

## 1 資本主義の螺旋的逆流と原理的症候群

ソ連型社会主義が経済成長において「摩滅」現象を生じ、ゆきづまりを露呈した一九七〇年代の後半には、資本主義世界もむしろそれに先立つ一九七三―七五年のインフレ恐慌を境に、特異な長期的経済危機と再編の過程に突入していた。ケインズ主義は、この経済危機を予防も緩和もできず、インフレを激化する逆進的作用をもたらして挫折する。これに続き、七九年に成立するサッチャー政権をはじめ、資本主義世界には新自由主義により、政府の経済的役割を縮小し、競争的市場原理の再活性化により経済再生を図る潮流が支配的となり、多くの分野での規制緩和と国有企業の民営化が推進されてきた。それはたんなる経済政策の次元における資本主義の進路の反転を示すものにとどまらない。深刻な経済危機に対応する資本主義企業の高度情報技術の発展にもとづく多面的な変容が、製品モデルやサービスの変化と多様化による国際的、国内的な競争の激化、企業の多国籍化の推進、労働市場における非正規のさまざまな雇用関係の流動的な拡大などを経済的下部構造における変化として内包しているところに、新自由主義の潮流の現代的な強さの基盤がある。

ふりかえってみると、資本主義の発展は、一九世紀末以降の重化学工業における巨大産業株式会社の金融資本としての成長にともない、いくつかの面から自由な競争的市場の作用を抑制する傾向を拡大していた。すなわち、第一に主要諸国の支配的産業において諸企業が市場の自由な競争を抑制する独占資本としての組織力を強め、第二にそのもとで経験と筋力を要する成年男子の正規雇用者が大量に集積されて労働組合が組織をのばし、労働市場の個人主義的競争を回避する社会的勢力を拡大する。第三に、独占資本の利害や権益を擁護しつつ、残存する農民層をも糾合する国家主義的方向へ、国家の経済的役割が再強化され、帝国主義政策に始まり、両大戦間期を経て戦後の高度成長期におけるケインズ主義と福祉国家形成へと国家の経済的機能が拡充され続けた。とくにロシア革命後の時期には、資本主義国家は内外の社会主義勢力の伸張に対抗する性質を強めていた。

そこで、宇野弘蔵は、一九世紀末以降の資本主義について、『資本論』がその理論体系の抽象の基盤としていた一九世紀中頃までのイギリスに示されていた純粋の資本主義社会に向かう歴史的傾向が逆転もしくは阻害されるにいたったとみなし、そこに『資本論』のような資本主義の原理的解明にとどまらない発展段階論としての研究次元が要請され、資本主義の重商主義段階、自由主義段階に続く帝国主義段階についての段階論的考察が必要となるとしていた。さらに第一次世界大戦後の資本主義は、世界史的にはすでに社会主義への移行期に入り、社会主義との対抗関係のなかでその動向を規定されているので、原理論と段階論とを考察基準としつつ、さらに現状分析としての研究次元において考察されなければならない、と宇野は主張していた。

ところが、一九七〇年代にはじまる資本主義経済の危機と再編は、高度情報技術の発達と普及のインパクトをうけて、一九世紀末以降ほぼ一世紀にわたる資本主義の発展傾向を螺旋的に高度化しつつ逆流させ、企業と労働市場の動態に国際的にも国内的にもいちじるしく競争的な市場原理を再活性化し、国家の経済的役割を縮小しつつ、新たな世紀に移行している。一九八九年の東欧革命と九一年のソ連解体とは、一方でそのような資本主義経済の新展開の影響を新製品の開発普及の遅れへの民衆的不満などの形で受けつつ進展し、他方で自由な市場経済による資本主義の勝利によって歴史は結論を出したとするF・フクヤマ（『歴史の終わり』三笠書房、一九九二年）らの見解を一般化し、空間的にも資本主義市場経済の地球規模での再拡大を実現している。

その意味で、ソ連型マルクス主義に多くの点で批判的に対峙しながらも、ソ連に始まる社会主義の政治経済体制の成長には期待をよせて、宇野が世界史は資本主義の時代から社会主義への過渡期に入ったとしていた規定もあきらかに再考を要するところであろう。世界史の歩みはしばしば思いがけぬ陥穽を伏在させて螺旋的反転をもたらし、わかりやすい直線的推移をたどらないものらしい。

とはいえ、競争的で自由な資本主義市場経済のグローバルな再活性化は、それによって効率的で調和的な経済秩序が実現されるとする新自由主義の多幸症的信念やその論拠とされる新古典派経済学の主張を多くの点で裏切る現実をもたらし続けている。たとえば、競争的で自由な市場への通貨・金融機構の再編は変動相場制のもとで、大幅な投機的不安定性をもたらし、弾力的な金融機構の拡張性にうながされた巨大バブルの発生と崩壊が日本、ついで周辺アジア諸国をあいついで襲い、いまアメリカ経済にもバブル崩壊への危惧が増大している。自由で競争的な労働市場への再編は、公企業の民営化とあわせ、戦闘的な労働組合運動を弱体化し、容易に解雇・失業の脅威を広げ、実質賃金を抑制し、各種の賃金格差、経済格差を増大し、公的社会保障を削減して、働く人びとや社会的弱者にきびしい不平等で不公正な経済秩序をもたらしている。競争的な企業中心社会の秩序が再強化されるなかで、若い世代の多くが結婚、出産、子育てを楽しむ余裕を失い、先進諸国、とくに日本などでは急速な少子化がすすみ、二一世紀には日本の人口は半減するとみられている。自然環境の持続可能な維持への社会的配慮も容易には実現されてゆかない。

それらはすべて、近代以降の資本主義市場経済の作動原理に反する外的なあるいは偶然的な諸現象とはいえない。むしろ『資本論』のマルクスが、資本主義市場経済の運動法則を、その歴史性とともに体系的にあきらかにするうえで注目していた、その投機的不安定性とその自己崩壊的恐慌の打撃や、労働者への階級的な抑圧の作用、さらには人間と自然に加える搾取・荒廃化の作用など、いずれも資本主義市場経済に内在する原理的作用の現代的発現による症候群が二一世紀に解決をせまる重大な宿題としてもちこされ、おり重なって解決をせまるところとなっているように思われる。

## 2　代替路線としての社会主義の新たな可能性

そうであるだけに、二一世紀への代替路線の構想は、新自由主義の失敗にたいし、ケインズ主義に復帰してマクロ的総需要政策により企業中心的な投資促進を図るだけでは、適切でも十分でもない。むしろ資本主義経済の原理的症候群の全体に批判的に対峙して、新たな社会主義の多様な可能性を追求する政治経済学の思想、理論、分析の再活性化こそ必要とされているところであろう。たとえば、福祉政策の再拡充によるセーフティーネットの再強化、子育てや介護への社会的配慮の増強、教育費の個人負担軽減策なども、公正で平等な経済生活の実現に向かう社会主義への文脈のなかに位置づけてゆかなければ、その歴史的意義が十分には汲みつくせないし、持続されがたいであろう。すなわち、現代の政治経済的争点の多くは、資本主義経済の原理的作用の発現と深く関わっているので、その克服の方向が当面は資本主義体制を前提としていても、社会主義の本来的意義を想起させる方向をまたともなわざるをえないのであって、ソ連崩壊とともに社会主義はすでに過去の遺物となったとする見解は二一世紀の進展とともに正されてゆくにちがいない。

そのような観点から『資本論』と宇野原論とを現代的に読み直してゆく作業も求められている。ことに宇野原論が、『資本論』第一巻第一、二編の商品、貨幣、資本の形態規定を、労働価値説にさしあたり言及することなく、純粋の流通形態論として再構成してみせたことは、『資本論』の価値形態論の意義を明確にし、労働価値説を資本の生産過程にそくして社会的に必然的な法則性をもつ原理として論証する道を開くうえでも画期的な試みであったが、それはまた商品の交換過程が、人間に本来的な「交換性向」(A・スミス)から普遍的に生ずるものではなく、共同体と共同体のあいだの交易に始まるというマルクスの認識により、社会的な経済生活にたいする市場経済の外来的歴史性をあきらかにするうえでも重要な意義をもっていた。そのような社会生活に本来は外来的な市場経済と、その諸形態により社会的生産を全面的に包摂して成立する資本主義経済との重層的な歴史性の区分と相互関係を理論的に確認することは、現代世界の変容との関連で二一世紀の進路を展望してゆくうえでも、いくつかの意味で重要な考察の手がかりを与えるものとなりうる。

たとえば第一に、中国の社会主義市場経済の実験は、これからの世界史のなかで、資本主義とは異なる社会経済体制へのオルタナティブを提示する可能性を秘めており、最近あらためてその可能性が世界的に広く論議されている市場社会主義論とあわせて、ソ連型社会主義への代替路線としても世界的関心を集めつつある。むろん、市場経済化が首尾一貫した経済体制となるには資本主義市場経済となるほかないのであるが、市場経済が本来さまざまな共同体的諸社会のあいだに外来性をもって形成されたしくみであり、資本主義とはその歴史性が区分される原理をなしているなら、資本主義をこえる未来社会の進路においても、生産諸手段の公有制や社会化を前提しつつ、協同組合的諸企業や諸地域、諸産業間の経済関係の調整機構として市場経済を利用し、マクロ経済計画とくみあわせて運用する社会主義の多様なモデルも理論的に構想可能となるであろう。拙著『市場経済と社会主義』(平凡社、一九九五年)でも検討を試みたように、こうした点をふくめ、宇野原論と『資本論』のような経済学の原理論は、資本主義経済の批判的考察基準として役立つにとどまらず、社会主義の社会経済システムの反省や再構想の試みにとっても、これまで考えられていた以上に積極的に活用される余地がある。

第二に、ソ連型社会主義の崩壊からロシア、東欧に急速な資本主義市場経済化の試みが進展しつつ、その内実がバザール経済化により経済生活に大きな混乱を招き、とくにマフィアの支配する暴力的で犯罪的なしくみを広げてしまっている悲劇をどう理解するか。それは、資本主義市場経済のグローバリゼーションのなかで、一見市場経済の平和な秩序とはかけ離れた、暴力的な犯罪組織や武力紛争、さらには海賊行為などがむしろ拡大している現象をどう読み解くかにも関連している。それらはおそらく、市場経済が本来、共同体的諸社会の内部の秩序から離れて、諸社会の間の交易関係として発生し、展開されていたことにともない、おそらく古くからしばしば山賊や海賊、それを防御する武力の準備やその行使、他の共同体の成員にたいする威嚇や詐欺などの諸側面を裏面にともなって反復され、拡大されてきた市場経済の陰の歴史性の現代的あらわれといえるであろう。そうした市場経済の陰の暴力性は、資本主義に先立つ遅れた諸社会からの遺物の残存とのみはいえない。先進諸国でもいまだに債権の取り立てをめぐる暴力団がらみのトラブルや総会屋、麻薬の密売、ヤミ賭博、売春などにわたり市場経済に関わる暴力性がしばしば組織的に横行しがちである。こうした側面も市場経済が社会生活に外接的な交易関係に由来するその歴史性からよりよく理解することができるし、市場経済が歴史的に、戦争行為と同様、男性優位の秩序を形成する現実的な基盤をなしてきたのではないかと思われる（拙稿「資本主義市場経済はジェンダー・ニュートラルか」『季刊アソシエ』五号、も参照されたい）。

そのことからひるがえっていえば、市場経済を非暴力的で少なくとも形式上は平等、公正な社会システムとして維持してゆくには、むしろかなり強力な警察機構や裁判制度など社会的な管理機構を要し、社会構成員のモラルやその相互維持のための教育や社会慣習の育成も欠かせないところとなるにちがいない。この点はおそらく現代中国にもあてはまるところで、蛇頭組織のような暴力団やそれとの関わりによる特権官僚の腐敗などの社会的危険がそこにも増大している。むろんこうしたことから反転して国家主義や軍事力の国際的行使への道が開かれないよう民衆的に警戒、監視することも大切であろう。

第三に、市場経済の諸形態は、とくに資本主義のもとで全社会的な経済生活の組織原理となり、特異な歴史社会を発展させるにつれ、それ自体も社会的に変異し変容する側面をふくんできた。たとえば、貨幣は、市場経済のうちに商品貨幣として自生的に生まれるものであるが、資本主義経済の発展のなかで資本家社会的に信用貨幣、銀行券、中央銀行券を組織的に産み出し、さらに国家的管理のもとに不換銀行券が広く国民的通貨とされるにいたり、その間の調整が市場にゆだねられる変動相場制をもたらしている。こうした市場経済のしくみ自体に生ずる変容性は、本来外来的な市場経済の諸形態が社会内部化されることにともなう現象ともいえるのであって、とくに国家を介してのその管理には、本来の無政府的な市場原理との間に根本的な不整合をふくみ、現代的にはそれが国際的な通貨取引の投機的不安定性にあらわれている。とはいえ、その不整合や不安定性からまた最近ではユーロやLETS（地域通貨）などの貨幣の新たな社会化への試みをも生じている。国際通貨の制度的再安定化も二一世紀の緊急な課題といえる。それらをつうじ、資本主義市場経済の原理的限界とそれをこえる社会主義経済の基礎が市場経済の変容可能性のなかに、経済生活の社会化への試みとして姿をあらわしつつあるのはないか、といった仮説的見解をたてて二一世紀の歴史の行方をみてゆくことも意味があるところなのではなかろうか。

他方、市場経済の諸形態が、人間の経済生活に自然にそなわる秩序ではなく、資本主義経済に固有のものでもなく、歴史的に諸社会のあいだの交易に由来する外来性を有しながら、近代以降の資本主義の時代に、労働力を商品化して社会的生産を組織するにいたったことが理論的に明確になれば、資本による生産過程がまた自然的秩序ではなく、むしろ諸社会をつうずる経済生活の原則的基礎をなす労働・生産過程を特殊歴史的に商品経済関係で包摂している独特な社会秩序であることもあきらかとなる。

そこで、『資本論』も第一巻第三編で資本の生産過程の内実に考察をすすめるにさいし、まず労働過程を「どんな特定の社会形態にもかかわりなく考察されなければならない」ところとし、その一般的本質にそくしてみるなら、労働は人間が内的自然力としての頭脳や手足の働きを発揮し、あらかじめ表象する目的を自然素材のうちに実現する人間的活動をつうじ外的自然との物質代謝を規制し、統御する行為であると規定していた。こうした労働の一般的本質を実現しうる基本的な人間的能力を人びとが社会的に共有しており、その能力をそれぞれが分担しつつ発揮する行為と考えれば、具体的有用労働が同時に同質的な抽象的人間労働をなしていると規定することができるし、さらに複雑労働もその意味では単純労働とおなじ人間的労働の基盤にたって労働時間を支出しあっているとみなせるのであって、そこにとくに強められた労働が支出されていると考える必要はない。それは、それぞれの活動能力に教育・訓練などによる個体的差異はありながら、それぞれに社会を構成する個人に人間としての基本的活動性の共有関係が認められ、平等な人権や社会権が相互に尊重されてよいのと通底している。

こうした認識にたって、複雑労働力への訓練、教育の費用を個人的あるいは家族的負担とすることにともなう複雑労働力の価値によるその回収機構を介しての社会的所得階層の分化とその固定化を批判して、教育、訓練費用の公的負担の増大、それによる教育、訓練の機会の平等化とその社会人への拡充に向かうことは、ヨーロッパ社会民主主義がいま力を入れている政策のひとつでもあり、公正、平等な社会秩序への重要な方策として二一世紀にもとくに日本ではあらためて重視されてよいところであろう。そのことはまたこれからの社会主義にも期待してゆきたいところである。これに関連して、マルクスの『ゴータ綱領批判』(一八七五年)にみられる共産主義の第一段階の規定によって、労働者の労働能力の相違に応ずる労働給付の差異に対応した「不平等の権利」が「ブルジョア的権利」として残るものとみなし、ソ連型社会でも恣意的、人為的な各種労働の格付けがおこなわれ、その延長上に党や国家の官僚の特権的経済生活も正当化されていたことにも批判的に反省を加えておきたい。マルクスが共産主義の高次段階で実現されるべきこととしていた「各人はその能力に応じて、各人はその必要に応じて!」という目標は、基本的には同権的な人間的労働能力を共通の平等原則の基礎としてふまえつつ、むしろ社会主義の低次段階から漸次実現すべき課題とされてよいはずであり、その意味ではマルクスの共産主義の二段階区分自体にも再考さるべき問題があったのではなかろうか。

# 混迷深める二一世紀資本主義

井村喜代子

二一世紀初頭、資本主義経済は混迷を深め、不安定きわまりない状況にある。この混迷状況はこれまでの資本主義の歴史では経験したことのない質のものである。二一世紀資本主義について、確かな展望を語ることは誰にもできないと思われる。いま必要なことは、この混迷の原因とその特質を明確にし、二一世紀資本主義が展望の見えないものである所以を明らかにすることであろう。

## 1　はじめに

二一世紀初頭、世界の資本主義経済は混迷を深め、混沌たる状況にあるが、かかる状況の生じた根源は、一九七〇年代初めを境とした資本主義の変質とその後のアメリカの新たな「世界戦略」の展開にある。

第二次世界大戦後、資本主義諸国は大戦直後の資本主義体制の危機的状況を克服した後、国際的経済協調体制＝ＩＭＦ・ＧＡＴＴ体制の基礎上で、持続的成長・高雇用を実現し、一時は資本主義は不況・恐慌も失業も克服したという

いむら・きよこ
1930年生まれ
慶應義塾大学名誉教授
専攻：経済理論，現代日本経済論
『恐慌・産業循環の理論』有斐閣，1973年
『現代日本経済論［新版］—戦後復興，「経済大国」，90年代大不況』有斐閣，2000年
「現代資本主義の変質と新しい事態・新しい矛盾の展開」（『資本論体系第10巻　現代資本主義』有斐閣，2001年）

見解も現れたくらいであった。しかし、一九六〇年代後半から持続的成長・高雇用は行詰まり、その完全なる破綻は七〇年代初めの「金・ドル交換」停止（七一年）→旧ＩＭＦ体制崩壊（七三年）と、七四・七五年世界大不況→経済停滞・失業の慢性化で明白となり、これに対し新自由主義思想・政策が急速に普及していった。これらが資本主義の変質と新たな動きを生み出したのであるが、この変質を惹起したのも、またその後の新たな動きを主導したのも、アメリカである。

アメリカは六〇年代後半の国際通貨危機に対し、旧ＩＭＦ体制の軸であった「金・ドル交換」を一方的に停止してＩＭＦの枠組みを崩した。そのうえで、①金融の自由化・国際化によってアメリカの金融的覇権を強化し、②ＭＥ（マイクロエレクトロニクス）技術発展→〃情報通信革命〃によって産業技術力での圧倒的優位性を再建し、これら二つを柱として世界各国に金融自由化、市場開放を迫り、国境を越えた金融・経済のグローバルな展開によって世界的規模での利益獲得を目指したのである。

注目すべきは、アメリカが国際通貨・国際経済の安定化のシステムを欠いたままで、自国の資本の利益のために金融・経済のグローバル化を推進したことであり、それゆえにドルの不安定性の恒常化、国際的投機的金融活動の恒常化などが生じ、新たな混乱・矛盾が生み出されたことである。

したがって、混迷深める二一世紀資本主義を把握するには、七〇年代初めに始まる資本主義の変質と、その後のアメリカの①、②を柱とした新たなグローバル化の推進に焦点を置くことが不可欠である。

## 2　「金・ドル交換」停止→旧ＩＭＦ体制崩壊、ドルの不安定性・投機的金融活動の恒常化

第二次世界大戦後の旧ＩＭＦは、不換通貨のもとで為替安定、国際収支均衡化を図るために、アメリカ

による「金・ドル交換」と「固定レート制」とを基本にした制度であり、不充分さを持つとはいえ一応十数年の間はその機能を果たし、資本主義諸国の持続的成長を支える基礎となっていた。

しかしアメリカはヴェトナム戦争強行のもとで国際収支危機に陥り、ドル不信による国際通貨危機を頻発させたため、一九七一年、ヴェトナム戦争からの撤退（事実上の敗北）とともに、旧ＩＭＦ体制の基軸である「金・ドル交換」を突如として一方的に停止した。旧ＩＭＦ体制は崩壊し、変動相場制に移行するが、ドルに替わる強い通貨もなく、アメリカはいぜんとして「冷戦」対抗において最強の軍事大国・経済大国であったので、その後もドルは事実上基軸通貨として存続する。

ここでの問題は、アメリカが基軸通貨国の責任として国際収支の根本的改善を行うべきであったにもかかわらず、その責任をまったく果たさないで、「金・ドル交換」を一方的に停止することによって、国際収支問題にとらわれないで金融膨張や財政赤字拡大による景気刺激政策を続けることを可能にするとともに、金問題を顧慮しないで金融の自由化を進めアメリカを国際的金融市場の中心としアメリカの金融覇権を強化する途を開いたことである。

さらに問題は、アメリカが金融自由化を世界に要求していくとともに、基軸通貨国の特権に依拠して、膨大な貿易収支赤字・経常収支赤字の拡大を長期にわたって続けたことである。基軸通貨国・アメリカは、国内ではたんなる不換通貨にすぎないドルでもって国際決済ができるうえ、「金・ドル交換」のための制約も無くなったので、ドル債務（借金）の増大によって容易に巨額の貿易収支赤字・経常収支赤字を拡大し続けることができた。（貿易収支は七一年に赤字転落した後、赤字は八〇年二一二五億ドル、八五年一、一二二億ドル、九五年一、七三七億ドル、九八年二、四六九億ドル。経常収支は八二年以降赤字が恒常化し、八二年六二億ドル、八五年一、一九一億ドル、九五年一、一三六億ドル、九八年二、二〇六億ドル。）このアメリカによる金融自由化の推進とアメリカの膨大な貿易収支赤字・経常収支赤字の長期連続こそが、ドルのたえざる不安定性と国際的投機的活動の恒常化を生む基礎である。アメリカの毎年の巨額の経常収支赤字は、黒字国に年々巨額のドルをもたらし通貨・信用膨張を容易にし、これらが経済停滞のもとで設備投資先のない過剰資金として、金利差や投機的利得を求めて世界を駆け巡るようになり、その多くがアメリカへ殺到した。

　アメリカでは、膨大な貿易収支赤字・経常収支赤字の拡大を外国からの資金流入拡大でファイナンスする構造が定着し、さらには対外投資収益黒字の激減→経常収支赤字の拡大作用→外国からの資金流入の（必要性）拡大→対外投資収益黒字の減少→という悪循環が定着した。アメリカは八〇年代後半に対外純債務国へ転落し対外純債務額は増大を続ける。これではドルの不安定性と国際的投機的活動の常態化を改善することは不可能である。基軸通貨国が長期にわたり膨大な経常収支赤字を続け、世界最大の対外純債務国であるということは、きわめて無責任で、かつて例をみない事態である。

　アメリカでは拡大するリスクを回避するためにデリバティブ（金融派生商品）が普及したが、デリバティブは投機的利益獲得の手段ともなり国際的投機的金融活動を格段と拡大していった。複雑化するデリバティブや投機的取引では、世界規模での情報の収集・分析、変動要因の予測・判断を行う経験の蓄積とコンピュータ・ソフト開発が不可欠であるので、個人の運用は減退し、富裕層の巨額資金を運用するヘッジファンド、一般国民の貯金や年金基金等を運用するミューチュアルファンド（投資信託型運用）が急激に拡大した。このアメリカのヘッジファンドや機関投資家は、たんに金利、為替相場、証券市場等の動きを予想して活動するだけではなく、膨大な資金と元手の数十倍もの取引ができるデリバティブを駆使して各国の為替相場や株・債券価格を操作する力をもち、それらの操作によって利益を獲得できる存在になっている。投機がもはやこれまでとは質の異なるものとなっていることに注目すべきである。

### 3 アメリカによる〝情報通信革命〟と産業技術力の圧倒的優位性の再構築

七〇年代の世界的な経済停滞の根源には、新たな革新的技術開発・新産業開発の枯渇があった。アメリカは八〇年代中葉以降、経済再生のために、卓越した軍事技術の民需生産分野での応用、軍民両用技術の開発に政府、軍、民間が協力して取り組み、ME中枢技術の発展にもとづいて、〝情報通信革命〟を実現した。（〝情報通信革命〟は、パソコン中枢技術の画期的発展・情報ソフトの発展、それを伝達するインターネットの発達、それを送受する情報通信機器の発達の統合である。）〝情報通信革命〟は新しい多様な需要を次々と開拓し、多様な新産業を創出していくとともに、広範な既存の生産・流通・金融部門にコンピュータ技術・コンピュータ機器の導入を促した。アメリカでは、この〝情報通信革命〟によって広範な産業分野で民間設備投資が群生し、九〇年代に久しぶりに設備投資を軸とする持続的成長が実現された。このことによって、アメリカは産業技術開発力・経済力での圧倒的優位性を再構築し、ソ連崩壊後に、世界の経済を動かす単独覇権国としての力を強化したのである。

もっとも〝情報通信革命〟による経済活性化はニューヨーク株式の上昇を惹起し、情報ネットワークをつうじて異常高騰を加速し、経済の持続的成長に対し危険材料を生み出すことになる（後述）が。

他方、ME技術→〝情報通信革命〟は遺伝子研究を飛躍的に発展させ、遺伝子組替えによる農作物・種子や食用動物の品質改良と増産、ヒトゲノム解読による病気の治療・予防の医薬品・医療機器の開発等、膨大な新市場を開拓できる画期的な新産業群を生み出しつつある。ここでもいまのところアメリカが研究開発・特許権獲得において圧倒的優位を占めており、これを世界進出の戦略産業としている。

ここで注目されるのは、アメリカが八〇年代以降、知的所有権を強力に主張し、科学的発見さえも、また「ビジネスモデル」までをも知的所有権・特許の対象とし、技術の保護・独占を強化する政策をとり、この措置を基準として外国企業に対し厳しい制裁、莫大な各種支払金を課していることである。

## 4　アメリカ主導のグローバル化、および独占の世界的再編のうねり

アメリカの「世界戦略」の中心は、八〇年代末以降、新興工業国、発展途上国に対しても金融自由化、市場開放、「競争・市場原理」導入を強く要求し、アメリカ主導で世界規模の金融ネットワーク、情報通信ネットワークを張り巡らしていき、半導体、コンピュータをはじめ情報通信機器の生産・輸出を拡大するとともに、新たなサービス輸出→サービス収益――金融サービス、情報収集・処理サービス、テレコムサービス、ネット商取引、知的所有権・特許料等の収益――を急速に拡大していくことに置かれた。ここでは、崩壊した旧〝社会主義〟諸国の資本主義化を促進し、中国の市場経済化・資本主義化をも促しつつ、それらを含めてこのグローバル化を推進することが意図されている。

かかる世界的活動領域の拡大と結合して、新しい独占の世界的再編のうねりが生じた。金融自由化で可能となった銀行、信託、証券、保険の業務の統合的経営や、〝情報通信革命〟で生まれた多様な業務を、世界的規模で展開するために、アメリカ巨大企業間での大型合併・提携が活発化するとともに、世界的展開のためにアメリカ企業による進出先の関連企業との合併・提携が活発化した。これに対抗して欧日の各

国内で、あるいはEU諸国間において、同様の合併・提携が進んだ。遺伝子関連産業でも研究開発費用が膨大である関係上、製薬、化学企業での大型合併による参入の動きが強まっている。自動車、石油等の分野でも国境を越えた活動展開のために国際的な大型合併・提携が相互刺激的に進んでいる。これらは一見したところ規制緩和、「競争・市場原理」至上主義とは反する感があるが、アメリカの「規制緩和」は従来の独占規制の緩和・金融業務の垣根規制等の撤廃でもあったから、これらと「競争・市場原理」のもとで、巨大企業による世界的独占形成の競いあいが急速に進むのはむしろ資本主義的必然といえる。

以上で注目されるのは、かかるグローバル化のもとで、アメリカ本国において重要製造業を含めた生産の空洞化・生産の比重低下と、サービス業の比重上昇が格段と進んだことである。グローバル化の柱である金融自由化と〝情報通信革命〟は、その性質上、各種の新たなサービスと各種の新サービス産業を創出し、設備投資・雇用拡大におけるサービス産業の役割を大きくした。また製造業はじめ各種産業の巨大企業・多国籍企業は、企業組織全体における全情報（製品開発、設計、部品調達、製造工程、需要者ニーズ、納品、アフターサービス等）をコンピュータ・ネットワークに接続して経営の効率化を図るCALS等を用いて、徹底的な無駄の排除、最大の効率化のために、主要な経営業務や主要な生産工程までをも含めて外部委託、外国移転を推進していった。主要製造業の部品・完成品をも含む多くの生産が、低廉な労働力と資源の利用が可能で、環境破壊・公害への規制の少ない東アジア諸国や中南米等に移されていった。九〇年代の成長持続下で、製造工業品の輸入（多国籍企業からの逆輸入を含む）の急増、（財貨）貿易収支赤字の急増が進む反面、サービス収支黒字の顕著な増大傾向が生じたのは、この現れである。アメリカ本国の製造業の空洞化が進み、投機的金融活動、多様なネット取引、知的所有権・特許権等による収益拡大への依存が拡大していくことは、アメリカ資本主義の寄生性の深化である。

## 5　混迷深める二一世紀資本主義

アメリカは「金・ドル交換」を停止した後、国際通貨・国際経済の安定化システムを構築しないばかりか、その不安定性を増幅し続け、以上のような金融・経済のグローバル化を推進してきたが、このことが、様々な歪みと混乱を生み出し、二一世紀資本主義を混沌とした展望なきものとしている。

まず、〝情報通信革命〟と結合して大膨張した国際的投機的金融活動が生み出す混乱がある。九〇年代にはポンド危機・欧州通貨危機（九二・九三年）、アジア通貨危機（九七年）等が頻発したが、通貨危機の可能性は二一世紀においても存続しているうえ、ニューヨーク株式の異常な高騰が株価暴落・ドル暴落の危険を孕み、二一世紀の幕開けを暗いものとしている。（ダウ〔工業株三〇種〕平均株価は九五年二月四千ドルから急激な高騰を続け、九九年五月には一万一千ドルを突破した。情報通信産業中心のベンチャー企業の株式店頭市場＝ナスダックはそれを上回る高騰を続けた。両方とも、二〇〇〇年春頃から乱高下を繰り返し先行き不安に陥る。）

ニューヨーク株式の異常高騰は〝情報通信革命〟による経済活性化を背景にしてはいるが、これだけではとうてい説明できるものではない。八〇年代に国際的投機的金融活動が恒常化しデリバティブを駆使するヘッジファンド等が大膨張した基礎上であったからこそ、ひとたび経済活性化によって株価が上昇し始めると一挙に弾みがつき、ネットワークでの素早い情報伝達によって国内外の投機的資金が殺到し異常高騰となったのである。ここでの株式の異常高騰は、かつての好況における株価上昇とは質が異なるものである。したがってアメリカ経済が行詰まったばあいだけではなく、たとえばどこかで通貨危機や株式暴落等が生じ、巨額の損失を蒙った企業や投機筋がかなりの規模のアメリカ証券の売却・ドル引揚げ（外国）を行うと、素早い情報伝達で一挙に証券売り・ドル引揚げが誘発され株価暴落・ドル暴落が生じる危険性が大きい。アメリカはあらゆる政策を動員し国際協力を求めてこれを阻止しようとするであろうが、これだけ膨張した株価の下落とドル下落をどれだけ阻止できるか、アメリカ経済のみならず世界の経済にどれだけの打撃が生じるか……、不安が二一世紀初めの世界を覆っている。

また、歴史上例をみない規模で国際的投機的活動が世界に広がり、投機的手法できわめて短期に巨額な利益を獲得できる機会が生まれたことは、金融業界のみではなく、一般産業界からも長期経営計画を行う堅実性、社会的信用保持の必要性を奪い去り、手段を選ばず利益を求める活動が強まり、これが社会的に容認され、国民のかなりにも浸透していった。世界各国の政・官・財で汚職、腐敗が氾濫しモラルハザート（倫理感の欠如）が深化したのもここに源泉があると思われる。これらは二一世紀資本主義の経済および社会全体に退廃と閉塞感をもたらしている。

資本主義体制の安定化のためには、為替の安定・投機の抑制を行いうる国際的通貨体制の再構築が不可欠であるが、しかしアメリカが基軸通貨国の特権に依拠して膨大な経常収支赤字構造を続け、投機的なヘッジファンド等の活動を擁護する以上、その実現は期待できそうにない。

EU通貨統合は、EU内で財政赤字や通貨膨張の抑制、物価の安定、投機の抑制等を実施している点で、「金・ドル交換」停止後のアメリカの無責任な政策に起因するドルの不安定性、国際的通貨危機をEUで防止し、EU域内で通貨・経済の安定を図ろうという注目すべき内容をもっている。いまのところまだ展望は確かではないが、EU・ユーロがアメリカ・ドルに対しどれだけ対抗力を持っていくか、ドルの単独基軸通貨をいかに崩していくかが、二一世紀資本主義を大きく左右するであろう。それだけではない。EU・ユーロはヨーロッパ諸国民国家の消滅という歴史上画期的な問題を二一世紀に提起しつつある。

第二に、二一世紀は〝情報通信革命〟、遺伝情報開発の時代と叫ばれているが、技術発展の明るい輝きが広がる時代となるわけでは決してない。たしかにこれらは新しい様々な需要を創出する画期的な新産業として経済活性化を促す可能性をもっているが、他面では〝情報通信革命〟は投機的活動を拡大し経済活動自体を脅かす役割を果たすのである。またインターネットは全世界の諸国民が国境を越えて各種の情報にアクセスし、双方交信によって世界的規模での人間的交流と連帯を強める可能性を生み出したが、しかし他面では〝情報通信革命〟をリードするアメリカが情報通信を操作する危険性・傍受の危険性、各国家が同様の手段で国民の人権・プライバシーの侵害を行う危険性を含んでいる。(最近、アメリカ主導の英語圏五ヵ国の通信傍受機関＝エシュロンが世界中の電話、ファックス、Eメールを常時盗聴していたことが発覚し、世界に衝撃を与えた。)ネット取引での詐欺・謀略の頻発、ネット上でのいかがわしい情報の氾濫、ハッカー問題も拡大しつつある。またネット情報の収集・情報技術利用の可能な者とそれから排除されている者との格差が社会的地位や所得等に顕著な格差を生む問題が、先進国国内で、さらには先進諸国と途上国・最貧国との間で深刻化していくであろう。他方、遺伝子組換え農産物・食用動物には人体への長期的影響について不安や疑惑が残っているが、ゲノム研究は遺伝子組換え技術の応用範囲を格段と拡大し不安を深刻化させつつある。ヒトゲノム研究も人間の起源、病気の原因や予防方法を解明する反面、倫理問題、有害性、プライバシー侵害等にかんする疑問や批判が多いが、それらを無視したまま各種医薬品開発の熾烈な競争が展開している。近代技術の発展が歪められていることの現れであるが、これは技術発展のもとで地球環境破壊・公害が人類生存への脅威を拡大しつつある問題、核をはじめ軍事技術進歩が人類生存に恐怖を与える問題につうじるものである。

二一世紀は「冷戦」が終焉した時代といわれるが、世界各地で民族的・宗教的対立、武力紛争が継続・拡大する可能性が少なくない。アメリカは「冷戦」終焉後も唯一の軍事超大国として超先端軍事力を備え、各地の紛争への軍事介入や世界最大の武器輸出を続けているが、このことは中国等の核兵器保有・軍事力強化を刺激している。二一世紀冒頭のブッシュ政権による「本土ミサイル防衛（ＮＭＤ）」実施の発表は、二一世紀が核軍事力をめぐる対立と拡大の再燃する危険な時代となる予感を与える。

最後に、資本の活動が国境を越え、様々な矛盾や危険が世界的広がりをもって進展しているのに対し、これに対抗する労働者・国民の世界的連帯の動きはきわめて乏しい。インターネットの発達は、最近の環境破壊阻止のための国際的連帯の動きを強めるうえに有効な役割を果たしており、その他の連帯を拡大する可能性をもっている。今後、労働者・国民が世界的連帯を強め二一世紀の経済、社会の真のあり方を模索しその実現を追求していかないかぎり、二一世紀は混迷と危険に充ちた展望なき時代となろう。


**参考文献**

井村喜代子『現代日本経済論〔新版〕―戦後復興、「経済大国」、90年代大不況』（有斐閣、二〇〇〇年）

北原　勇・鶴田満彦・本間要一郎編『資本論体系第一〇巻　現代資本主義』（有斐閣、二〇〇一年）

井村喜代子「先進資本主義諸国の持続的成長とその破綻」、「現代資本主義の変質と新しい事態・新しい矛盾の展開」（同右『資本論体系第一〇巻　現代資本主義』所収）

# 二一世紀の構造変化と調整様式

## 成長経済を越えるために

宇仁宏幸

情報化、サービス化、グローバル化という、二一世紀においても継続する構造変化をとりあげ、その社会的影響を検討する。また、人々の欲求が質的に転換する可能性を示す。そのうえで、次のような調整様式の改良と創出が成長経済を越える条件になることについて述べる。第一は、生産性に準拠して賃金を上げるという既存の所得分配原理を改良し、生産性に準拠して自由時間も拡大することである。第二は、自由時間の諸活動において、商品への依存を低下させることである。

### 1　二一世紀の構造変化

経済の長期的動態を考察する場合には、構造変化と調整様式の分析が不可欠である。構造変化とは、ＧＤＰなど、ある基本量の水準の長期的変化にともなう、その内部構成比の変化である。たとえば、フォード主義的蓄積体制においても、需要全体に占める耐久消費財や住宅などの割合の上昇など、需要の商品

うに・ひろゆき
1954年生まれ
京都大学大学院経済学研究科教授
専攻：経済理論とくに経済動学
『構造変化と資本蓄積』有斐閣，1998年

別構成の変化が重要な役割を果たしている。以下では、二一世紀を展望するために、まず、情報化、サービス化、グローバル化という、現在先進国で進行中の構造変化をとりあげ、それらが、とくに雇用と労働内容に対してどのような影響を及ぼすかを考察する。次に調整様式について検討する。調整様式とは、経済諸関係間のずれや矛盾を部分的に修正したり吸収したりして、経済の安定性、持続性をもたらす諸制度のことである。構造変化は経済の長期的動態を大枠で制約するとしても、成長のテンポや安定性などの決定要因としては調整様式が重要である。

**情報化**　情報化は、単に、情報財や情報産業の経済に占める比重の増加ではない。情報産業とともに、情報支援財産業と情報支援サービス産業が並行的に発展することによって、情報労働の生産性が上昇する、これが情報化である。情報支援財とはいわゆるハードウェアであり、情報支援サービスの主なものは通信ネットワークサービスである。この二つの発展が情報財、とくにコンピュータソフトウェアの発展と組み合わされて、情報労働の効率が高まる。情報労働とは、情報を作り、修正し、共有する活動であって、上記の三つの産業だけではなく、あらゆる産業の労働に多かれ少なかれ含まれている。とくに技術職、事務職、管理職などいわゆるホワイトカラーの労働の大部分は情報労働である。

一九八〇年代に入って、コンピュータネットワーク技術が標準化され、コンピュータのネットワークへの接続が容易になって以降、情報労働の生産性はようやく上昇し始めた。米国では、一九八〇年頃を境に雇用の伸びのパターンが変わった。それまではブルーカラーより、ホワイトカラー雇用量の方が急成長していたが、八〇年以降は逆に、ホワイトカラー雇用の伸びが大きく低下し、ブルーカラー雇用の伸びよりも低くなった。その理由のひとつは、情報化を通じて作用する連結の経済性が、主に人と人とのコミュニケーションに多く関わるホワイトカラー労働の効率を高めていることである。このような、ホワイトカラー雇用の伸びの鈍化はホワイトカラー労働力需要の不足という重大な問題につながる可能性がある。先進国で進行している高学歴化は、職業選択においてホワイトカラー志向を高めつつあり、ホワイトカラー労働力の供給は今後も増えていくと考えられるからである。またブルーカラーの生産性が停滞し、ホワイトカラーの生産性上昇が続くと、ブルーカラーとホワイトカラーの賃金格差が拡大する可能性もある。

**サービス化**　実際にサービス化が本格的に進行した二〇世紀末の先進国の経験によると、「経済のサービス化」や「脱工業化」とよばれる現象もかなり複雑なプロセスである。まず、名目ＧＤＰや就業者数で測ると、サービス産業の割合が増えて、製造業の割合が減っているのは事実であるが、実質ＧＤＰすなわち産出量で測ると、七〇年代以降、多くの先進国で、両者の割合に傾向的な変化は認められない。名目ＧＤＰや就業者数で測ると傾向的変化が現れる理由は、製造業とサービス産業との間の労働生産性上昇率格差にある。さらに重要なのは、財生産の成長がサービス生産の成長を誘発し、サービス生産の成長が財生産の成長を誘発するという関係の存在である。とくにサービス産業は製造業に密接に依存していると考えられる。したがって、製造業を国内に維持することは、二一世紀においても重要性を持つ。そのためには、生産品目の高度化が必要となることについては、グローバル化のところで述べる。

しかし、製造業を国内に維持することができたとしても、サービス化にともなって全体に占める製造業就業者の比重が下がり、これにからんで深刻な問題が発生する。経済成長率の低下にともなって製造業生産量の増加率が小さくなり、労働生産性上昇率の方が生産量増加率を上回ると、製造業就業者の絶対量の減少が起きる可能性が生じる。この減少を自然退職や新規採用抑制で吸収できない場合、一部の労働者を製造業からサービス産業へ職種転換することが必要となる。しかし、製造業からサービス産業への職種転換は容易ではない。その理由の一つは、サービス産業の職種が、製造業の職種以上に、熟練度の高い職種と低い職種とに二極分解しているからである。一方で、教師、看護婦、プログラマーなどの高熟練職種があり、他方で、商店のレジ係やビルの清掃係、飲食店のウェイター、ウェイトレスなどの低熟練職種がある。そして熟練度に応じて、賃金水準にも大きなばらつきがある。また製造業と比べて、パートタイム労働者の比率が高い点や、労働組合の組織率も低い点もサービス産業の特徴である。雇用の中心が製造業からサービス産業に移るということは、低熟練と高熟練という労働の二極化が進むということであり、またそれは、パートタイム労働者の割合が増加し、労働組合の組織率が低下する方向に作用する。

**グローバル化**　「経済のグローバル化」という概念は、「市場のグローバル化」、「企業経営のグローバル化」、「経済コントロールのグローバル化」など多様な意味で用いられている。「市場のグローバル化」に関しては、世界のすべての国が共通の土俵で競争する状態が出現しつつあるというような解釈が多い。確かに、途上国の工業化の成功によって、国際分業の形態は変わったが、途上国と先進国とが同一の製品を作って競争しあう状態になったのではない。ひとつの工業製品に着目すると、その主要な生産場所が、先進国から発展途上国へと、時間を通じて空間的に変遷する。この「プロダクト・サイクル」とよばれるメカニズムは今日でも作用している。また、ひとつの国に着目すると、その主要な生産品目が、軽工業品から重化学工業品、さらに技術集約的製品へと、時間を通じて高度化していく。この「産業の雁行形態的発展」とよばれるメカニズムもなお作用している。「市場のグローバル化」とは、一部の途上国における工業化の成功によって、「プロダクト・サイクル」や「産業の雁行形態的発展」が、より広い空間で、より多くの産業で作用するようになることを意味する。したがって、先進国に求められることは、途上国と同じ製品やサービスで競争することではなくて、諸産業の生産品目を高度化させることである。「市場のグローバル化」がすすむと、生産品目の高度化というプロダクト・イノベーションを強制する圧力は強まる。その結果、労働については、技能転換の頻度がこれまでよりも高まるので、新たな技能形成を可能にする再教育・訓練の仕組みなどが求められるだろう。

## 2 欲求の構造転換

以上みたように、情報化、サービス化、グローバル化という二一世紀に入っても継続すると考えられる構造変化は、もし労働者の技能形成や職種転換などの諸課題が解決されるとすれば（そのためには多くの制度改革が必要であり、それにともなう諸問題も検討しなければならないが、紙幅の関係で省略する）、労働生産性の上昇をもたらすであろう。その場合、労働投入量が大きく変化しないと仮定すると、商品供給能力は増加し続けることになる。しかし、二一世紀の先進諸国において、この供給能力増加に対応して需要量は増加しうるだろうか。

これと同様の、需要にかかわる問題は、二〇世紀初頭の先進諸国でも発生した。まず、当時の経緯を簡単に見ておこう。部品の標準化や流れ作業方式など、一九世紀末からの大量生産技術の確立によって、労働生産性は高まり、工業製品の供給能力は増加したが、それに対応する需要量増加は、先進国の国内においては、十分ではなかった。その主な原因は、当時は労働者の賃金水準が低く抑えられ、労働者の購買力が十分に伸びなかったことにある。この労働者の購買力不足が主因となって、一九二九年に世界大恐慌が起き、世界経済に甚大な被害を及ぼした。この経験の反省を通じて国内需要形成において賃金上昇が果たす役割、また賃金上昇において労働組合が果たす役割が、しだいに社会的に認められるようになった。また、第二次世界大戦を総力戦として戦うために、労働組合の戦争への協力をとりつける必要があったという事情も、労働組合の組織化や交渉力強化にとってプラスに作用した。結局、この労使関係の転換が契機となり、二〇世紀初頭の先進国で発生した需要問題は解決に向かった。労使関係の転換によって、しだいに団体交渉による賃金や労働条件の決定が一般化していき、労働生産性の上昇に応じた賃金上昇が認められるようになった。そしてこの労働者の購買力上昇が、供給能力の成長に見合う需要量成長を可能にしたのである。重要なことは、この「フォード主義的労使妥協」においては、生産性上昇の成果を賃金上昇というかたちで分配するという分配原理が創出されたことである。これに加えて、フォーディズムは、人々の商品に対する欲求を強める様々な社会的制度的仕組みを持っていた。広告宣伝を通じて消費者の欲求を操作・誘導することや、頻繁なモデルチェンジや短い製品寿命などによって、既存製品の陳腐化を人為的に促進することなどである。また、この時期に進行した伝統的共同体の縮小、大家族の崩壊、核家族の一般化なども、新たな商品需要をつくりだす要因であった。こうして、二〇世紀中葉以降の先進国においては、一人当たりの商品需要についても、経済全体の需要総量についても、かつてない伸び率で増加した。まさに「成長経済」であった。

しかし、以下に述べるような理由により、二一世紀の先進国では、人々の商品に対する需要の急増は期待できない。たとえば日本では住宅や福祉などまだ充足されていない需要も残っているが、多くの耐久消費財に関してはほぼ普及が完了している。新たな耐久消費財や新しい個人向けサービスはたえず出現すると考えられるが、それは既存の商品やサービスに取って代わるだけのものが多いだろう。また、もっと重要な理由としては、成長経済に起因する諸問題の深刻化を通じて、かなりの人々が、商品への依存を強める生活スタイルの問い直しをすでに始めていることがあげられる。たとえば、使い捨て文化や、大量廃棄によって生活環境の汚染、破壊が進行した。また、インスタント食品や加工食品の普及によって、食事を作る時間は短縮されたが、添加物がもつ悪影響や、食文化の衰退が起きた。自家用乗用車の普及によって移動に要する時間は短くなったが、大気汚染や交通事故、石油資源の浪費が増えた。テレビ、家庭用ゲーム機、学習塾によって、親と子のコミュニケーションの機会が少なくなり、家庭の教育能力が衰えた。

このような商品や商業的サービスへの過剰な依存から生ずる諸問題の反省を通じて、自由時間の活動内容が質的に変わろうとしている。商品に過剰に依存した諸活動に代わって、次のような諸活動が今後増えていくと考えられる。家族や友人とのコミュニケーション、子供の養育や老人の介護、居住地域の自治活動やボランティア活動、文化や経済や政治にかかわる様々なアソシエーションへの参加、山歩きや菜園づくりなどによる自然との交感などである。このような諸活動についても、まったく商品を使わずには行うことはできないが、どれだけ商品を使って行うかは、個人が持ちうる自由時間の量や、その時代の支配的な生活スタイルによって影響される。とくに自由時間が拡大していく状況の下では、自由時間における商品依存を弱めることは容易になる。なぜなら、商品への依存が強まる要因のひとつは、短い自由時間の枠内で、家事や移動などルーチン的活動の時間を節約したいという要求にあるからである。自由時間における商品依存を弱めることを通じて、諸個人が持つ関係の範囲は広がり、諸個人の能力も増大するという意味で、諸個人の生活はしだいに豊かになるだろう。これは商品の一人あたり消費量の増大を通じた豊かさとは、質の異なる豊かさである。また、これは欲求の質的な転換でもある。先に挙げたような様々な諸活動それ自体が欲求の対象となるからである。商品への依存が強まる時代においては、諸活動を楽しむこと自体よりも、そのための手段にすぎない財やサービスが欲求の対象として前面に現れていた。このような手段と目的の転倒した状態は、自由時間における商品依存を弱めることによって、解消される。つまり、自由時間が真の意味で自由な時間に変わる。

## 3　二一世紀の調整様式

もし、以上のような欲求の構造転換が順調に進み、商品に対する需要の伸びが低くなるとすれば、先に述べたような、商品供給能力の持続的増加とのギャップが生ずる。このギャップはどのようにして解決すべきなのだろうか。フォーディズムのように、需要の伸び率の方を引き上げる制度的メカニズムが必要なのだろうか。それとも逆に、供給能力の伸び率を引き下げることが必要なのだろうか。労働時間の短縮を通じて、供給能力の伸び率を下げて、需要の伸び率にあわせることが望ましいと考えられる。自由時間の拡大が、二〇世紀におきた諸問題を解決する端緒となると考えられるからである。ただし、そのためには様々な領域で調整様式を刷新することが必要である。そのひとつは労働領域において、生産性上昇の成果の分配原理を改良することである。先に述べたように、二〇世紀の分配原理は、労働生産性上昇率とほぼ同じ率で時間当たり賃金を上げるという原理であった。労働時間短縮のテンポはゆるやかだったので、一人あたり所得は増加していった。つまり、生産性上昇の成果は主に所得増加として分配された。二一世紀には労働生産性上昇率とほぼ同じ率で時間当たり賃金を上げるとともに、労働時間を短縮し、自由時間を拡大することが求められる。このように生産性上昇の成果を主に自由時間増加として分配することは、商品需要量の成長が労働生産性上昇よりもゆるやかな経済において完全雇用を達成するためにも必要である。

わかりやすく説明するために、以下に、日本について非常に簡単な試算を示す。厚生省の推計によると日本の生産年齢人口（一五―六四歳の人口）は、一九九五年から二〇二五年において、平均すると年率〇・六四％で減少する。高齢者や女性の労働参加が増加することも考えられるので、労働力供給量の減少は、おおむね年率〇・五％程度と前提しよう。先に述べたように、製造業の高度化や情報化を通じて、ブルーカラー、ホワイトカラーとも、労働生産性が上昇する技術的可能性は二一世紀も存在する。一九七五―九四年の一九年間でみると、全産業の時間当たり労働生産性上昇率はG７の七ヵ国平均で年率一・九％であった。したがって全産業で二％程度の労働生産性上昇は二一世紀においても技術的には可能であろう。このような状況で、仮に商品需要総計の伸び率がゼロであるケースを考えよう（つまり、一人当たりの商品需要は、年率〇・五％で増加するケースである）。このケースでは、社会全体で必要な総労働量は年率二％で減少する。労働力人口が年率〇・五％で減少するとすれば、残り一・五％を、労働時間短縮に回せば完全雇用が維持できる。日本の場合、一九九七年の年間労働時間は一九八六時間である。これを起点にして年率一・五％で労働時間を短縮していけば次のようになる。二〇一二年に一六〇〇時間を切り、ここでようやく一九九〇年のドイツの水準に並ぶ。もし、現在と同様に月一九・七日労働するとすれば、一日の労働時間は六・七時間である。また一日の労働時間を現在と同じ八時間二四分とすれば、月一五・七日労働することになる。さらに二〇三〇年には年間一二〇〇時間となる。これは現在と同じ日数労働するとすれば、一日の労働時間は五時間、また一日の労働時間を現在と同じとすれば、月一二日の労働にあたる。

サービス化や情報化を説明したときに触れたように、労働生産性上昇率は、製造業とサービス産業との間で、またホワイトカラーとブルーカラーとの間で差がある。労働時間短縮が個々の産業単位や、職場単位で行われると、生産性上昇率格差が労働時間格差となってあらわれる。したがって平等な労働時間短縮を行うためには、経済全体というレベルでの平均生産性上昇率に対応した労働時間短縮がすべての産業、すべての職場で均等に行われることが重要である。かつての賃金引き上げが、春闘や社会保障制度などの制度的仕組みを通じて実現されたように、労働時間短縮を社会全体に波及させる制度的仕組みが必要となる。このような制度的仕組みは労働者の連帯によって支えられるが、サービス化や情報化は、労働の二極化を促進し、労働者の連帯を弱める効果を持つ。労働の二極化が、労働者の連帯の弱体化につながることを避けるためには、職務のローテーションや、技能の高度化を保証する昇進経路の制度化などが必要である。すなわち今後は、賃金や労働時間の平等な分配をめざす努力だけでなく、職務内容の分極化を緩和する努力も労働運動に求められる。

さらに、これまでの商品依存強化型の生活スタイルから、それに代わる商品依存抑制型の生活スタイルへと移行するためには、この移行を誘導するような調整様式が必要である。なぜなら、労働時間短縮によって自由時間が拡大されたとしても、それは直ちに自由時間での商品依存の低下を意味しないからである。労働者の自由時間にたえず新たな商品を侵入させ、その商品への所有欲求を煽るというのが、これまで資本の側がとってきた戦略である。自由時間のさらなる商品化をねらう資本の運動は、資本主義である限り、二一世紀も続くであろう。この資本の運動は、自由時間を拡大し商品依存を弱める具体的試みを通じてのみ抑制できる。そして、資本の運動に対抗するこのような試みを通じてのみ、自由の拡大という人間の目標に経済を従わせることができる。二〇世紀の成長経済では、経済成長それ自体が目標となり、人間の活動はそのための手段であった。経済の目標に人間が従うという、二〇世紀の転倒された状態を解消することによって、私たちは成長経済を越えることができるだろう。

（本稿は、田畑稔・高橋準二・宇仁宏幸・捧堅二『二一世紀入門——現代世界の転換にむかって』（青木書店、一九九九年）の筆者執筆の第二部を約五分の一に要約したものである。データの出所、参考文献やより詳しい説明については同書を参照していただきたい。）

# 二一世紀のアジアと欧・米

柴垣和夫

二〇世紀末の一九九〇年代、日本が停滞し、アジア通貨危機が起こる一方、米国が一人勝ちしているようにみえるが、大局的にみて、一九世紀がヨーロッパの時代、二〇世紀がアメリカの時代であったのに対して、二一世紀が「アジアの時代」であることはまちがいない。しかし、これは経済の側面に限ってのことであって、過去二世紀にみられた一国による覇権体制は再現しないであろう。資本主義による生産力の暴走が地球環境を破壊している今日、その克服の先頭に立っているヨーロッパの先進性、人権問題に取り組む米国の役割を無視できないからである。

## 1　はじめに――歴史における展望と構想の意味

「二一世紀の経済社会を構想する」といっても、ただ主観的な願望を並べても無意味である。経済学ないしそれを含む社会科学は、自然科学による自然現象の予測と同じ意味で社会現象の未来予測をすることはできない。社会現象は

しばがき・かずお
1934年生まれ
武蔵大学経済学部教授・東京大学名誉教授
専攻：日本経済論，現代資本主義論
『日本金融資本分析』東京大学出版会，1965年
『知識人の資格としての経済学』大蔵省印刷局，1995年
『現代資本主義の論理』日本経済評論社，1997年

自然現象と異なって、それ自身が人間（集団）の意識的な行動によって形成されるものだからである。[1]しかし、社会科学は、研究対象である資本主義社会の理論的・歴史的分析の結果から、おおまかにではあるが未来についての展望と構想を提示することは可能である。多くの政党、特に現状の変革を指向する革新政党が掲げる綱領には、そのような展望と構想が不可欠であるといってよいが、もちろんそれらの展望と構想それ自体は科学的真理ではなく仮説の域にとどまる。それが実現するか否かは、人々の意識と行動にかかわるからである。私がここで試みるのも、そのレベルでの展望と構想にほかならない。

## 2　二一世紀はアジアの時代

世紀という一〇〇年刻みの歴史区分に意味があるわけではないが、おおざっぱにいって、一九世紀にヨーロッパにあった資本主義世界の表舞台は、二〇世紀には大西洋を渡って北米に移動した。前者を支配していたのが、産業革命による生産力と七つの海を支配する海軍力を背景とした英国によるパックス・ブリタニカのシステムであったとすれば、二〇世紀を支配していたのは、ドルと核兵器の力を背景とした米国によるパックス・アメリカーナのシステムであった。この歴史的推移を二一世紀に延長すると、資本主義世界の表舞台は、今度は太平洋を渡ってアジアに移動することになる。いや、実際にも移動しつつある。

すなわち、一九五〇―六〇年代にピークを築いたパックス・アメリカーナのシステムは、七〇年代以降没落過程に入った。一九七一年八月の米ドルの金交換性停止とベトナム戦争での敗北（一九七五年）は、それを経済面と軍事面で象徴する出来事であった。それに代わって一九七〇―八〇年代を特徴づけたのが、アジアの経済的台頭であった。先頭は日本。繊維から始まった日米貿易摩擦の品目が、鉄鋼、電気機器、自動車、工作機械、半導体、そして知的所有権へと高度化していったこと、また日本的経営・生産方式が国際的範例として海外移転されていったこと、などに示されるように、日本の製造業は米国のそれを凌駕し、良好な社会的パフォーマンスとあいまって「ジャパン・アズ・ナンバーワン」(E. Vogel)と賞賛された。次いで、七〇年代にNICsと称されて工業化が進んだアジア・南欧・ラテンアメリカの一〇ヵ国のうち、現在アジアNIEsと呼ばれる韓国・台湾・香港・シンガポールの四ヵ国(地域)が、八〇年代にも成長を続けて先進工業国の仲間入りをした。それだけではない。八〇年代からはASEAN諸国と、改革開放に踏み切った中国の工業化が本格化し、さらに近年ではインドが工業化のテークオフを開始しつつある。このような日本を先頭とする工業化のいわゆる雁行的発展は、人々に「二一世紀はアジアの時代」を強く印象づけたのであった。

もっとも、この趨勢は一九九〇年代に入って、金融・証券、情報・通信を舞台とした米国の「繁栄」とその主導によるグローバリゼーション、バブル崩壊後の日本経済の停滞、一九九七年のASEAN諸国と韓国の通貨危機などによって、逆転したかにみられた。しかし、日本を例外として九〇年代末以降のASEAN諸国と韓国の景気回復はめざましく、また二〇〇〇年紀に入って米国経済のバブルが崩壊し、昨今経済成長の急激な減速が始まったことは周知のところである。九〇年代の米国の復権は、ソ連の崩壊による唯一の軍事的覇権国家化とともに、巨星崩壊の直前にみられる最後の輝きに似たものであったように思われる。こうして経済の面からみる限り、「二一世紀はアジアの時代」といって間違いなさそうである。だが、そこから当然次のような問いかけがでてくる。二一世紀の覇権は米国に代わってどこが握るのか、と。

## 3　パックス・アメリカーナのあとは？

一九八〇年代後半の日本経済の絶頂期には、パックス・ジャポニカとかパックス・ニッポニカの可能性がささやかれたことがある。しかし、これはちょっと考えただけで現実性のない話だということに気がつくであろう。なぜなら、覇権国家とは、一九世紀の英国、二〇世紀の米国から直ちに明らかなように、厳密には経済的覇権とともに軍事的覇権を兼ね備えた国家のことである。いうまでもなく今日の日本は、実質でいえば米国に次ぐ世界第二の軍事大国となっているが、核兵器を保有せず、また平和憲法第九条が野放図な軍拡や自衛隊の海外覇権にブレーキをかけている。それだけではない、現行の日米安全保障条約による対米従属的軍事同盟のもとでは、独立した軍事的主権の存在すら疑わしいといわなければならない。その意味で、パックス・ジャポニカの可能性はないし、また仮に対米軍事的従属を脱して自立した軍国主義の復活の抽象的可能性があったとしても、それはけっして望ましいことではなく、したがって構想すべきことではないであろう。

一方、パックス・ジャポニカに代えて、パックス・シノニカ（中国の覇権）を予想する向きもなくはない。米国で再燃が伝えられる黄禍論は、その現れの一端かもしれない。確かに故事にならえば、パックス・ブリタニカを崩壊に追い込んだ直接の主導国はドイツであったが、次の覇権は米国に移ったように、米国の次の覇権国は、パックス・アメリカーナを崩壊に導いた日本を飛び越えて中国に移ることも平仄にあっている。しかも中国は近代に帝国主義列強によって半植民地化されるまで、数千年の「中華帝国」の歴史をもち、世界最大の人口大国である。後発の利益を生かして二一世紀中葉までに先進工業国にキャッチアップすることは十分可能であり、軍事大国化することにも直接の歯止めはない。しかし、「歴史は繰り返す」としても、この展望にみられるようなそれは、あまりにも単純な推論であろう。歴史は繰り返すとしても、自然現象のような相似性は持たないのである。

実際、一九世紀の英国は、当時はそれしか存在しなかった資本主義世界のなかでの覇権国家であり、それはやがてパックス・ブリタニカに反逆するドイツとの帝国主義戦争＝第一次世界大戦をもたらした。それに対して二〇世紀の米国は、この世紀に生まれて拡大し、一時は地球人口の三分の一を支配領域に包摂したソ連型社会主義との対抗を旨とする、したがって厳密にはパックス・ルッソ・アメリカーナの、一方の雄に過ぎなかった。資本主義と、それが生み出した社会主義という鬼っ子との闘争がこの世紀を特徴づけ、必要とあらば資本主義自身のなかに福祉国家という「社会主義」を内部化することさえいとわなかった。文字通りの世界的覇権はソ連崩壊後、九〇年代初頭の湾岸戦争期に実現したが、時すでに米国の経済的覇権は衰え、戦費のすべてを湾岸諸国と日本に依存しての、形骸化した覇権国家でしかなかったのである。

ではいったい、単純な繰り返し史観による類推では処理しきれない二一世紀の問題とは何なのか。それは、これも資本主義の所産である先進諸国の過剰富裕化、そこにおける生産力の暴走がもたらす資源制約と地球環境の悪化、ひいてはその地球の有限性との衝突の問題である。

## 4　先進諸国の過剰富裕化と地球の有限性

われわれはかつて、東京大学社会科学研究所編『現代日本社会』（全七巻、東京大学出版会、一九九一―九二年）において、日本を含む先進国社会は、すでに「豊かな社会」を通り越して「過剰富裕化」の水準にあること、開発途上国を含むすべての地球人がその水準の生活を営むには、世界のGDP＝GDEが約五倍に増えなければならず、それは地球のキャパシティに照らして不可能であろうこと、従って途上国の生活水準の向上を図るために、そこでの経済成長を促す代わりに、先進諸国では上の「過剰」部分を削ぎ落とすために物的レベルでのマイナス成長を追求する必要があること、などを指摘した。(2)

このようなアプローチの発端は、一九七二年に発表されたローマ・クラブによる警告的報告書『成長の限界』にまでさかのぼることができるが、資源制約については、その直後に襲った石油危機が、その現実性を人々に実感させた。環境問題については、先進諸国それぞれの国内問題、あるいはEC規模の問題としては、大気や海洋・河川の汚染、森林の荒廃、騒音と振動などの公害問題としてすでに一九六〇年代から取り上げられてきたが、その後世界的な異常気象や二酸化炭素の増大による地球の温暖化、フロンガスによるオゾン層の破壊、さらには途上国の開発の進展に伴う熱帯雨林の減少や砂漠化の広がりなどが明らかとなるにつれて、一挙に地球規模の問題として意識されるようになった。一九九二年には、ブラジルのリオデジャネイロで初の国連環境開発会議が開催され、一〇〇ヵ国以上の国家元首とともに多数のいわゆるNGOやNPOが参加して注目された。こうして、地球環境保全の問題は、核兵器の廃絶とともに二一世紀の全人類的課題となった。そして、この課題を実現していくためにも、先に指摘した先進諸国の「過剰富裕化」についての自己認識が不可欠であり、その過剰を削ぎ取って、世界的規模での盲目的な経済成長に歯止めをかける必要があるのである。その際、注目に値するのは、この課題への取り組みに対するヨーロッパの先進性である。

## 5　ヨーロッパの先進性と欧・米・ア三極の役割分担

よく言われるように、第二次世界大戦後のヨーロッパ、特に西ヨーロッパはすでに成熟した社会として、また西ドイツを除いて、経済的には活力を失った社会として、イメージされてきた。その否定的側面が一九七〇年代に現れた、いわゆるイギリス病とかフランス病といったアブセンティズムであった。

しかし、二〇世紀を支配した経済成長至上主義ないし生産力イデオロギーを離れてみると、戦後の西ヨーロッパは次の三点で先駆的な努力と実験を重ねてきたといってよい。その一は福祉国家の形成、その二はEECからECそしてEUに至る地域統合の推進、そしてその三は地球環境保全への積極的取り組み、がそれである。福祉国家とは、人間の生存権の公認として、ある意味で社会主義理念の資本主義への内部化である。(3) 地域統合による国境の壁の引き下げないし撤廃は、これもかつて社会主義が主張した国家の廃絶への一里塚といえるかもしれない。そして、地球環境の保全は、資本による生産力の暴走を人為的に制御してはじめて可能になると考えられるが、この「資本による生産力の暴走の制御」は、資本（主義）によっては不可能である以上、これまでの社会主義論に欠けていた、そしてこれからの社会主義が追求すべき、新しい課題といえそうである。ソ連型社会主義は、資本主義に生産力競争を挑んでもろくも敗退したが、これは彼らの社会主義認識、ひいてはその元になる資本主義認識の誤りに基づくものであった。(4)

こうしてみると、経済的には停滞をもって特徴づけられるヨーロッパが、実は二一世紀の人類の課題を先取りして実験してきたことがわかる。ここでの問題である地球環境保全についていえば、西ドイツで生まれ、当初はその政治勢力としての発展を予想されていなかった緑の党が、いまや西ヨーロッパ全域に拡がり、ドイツなどでは社会民主党と連立政権を担うまでに成長していることに示されている。

ひるがえって、二〇世紀の覇権国米国であるが、この国が一九八〇年代以来世界に輸出した新自由主義と市場原理主義は、もはやその力を維持することはできないであろう。アジアの経済危機がその一端の証明であるし、いまや現実化しつつあるバブルの崩壊が九〇年代の「繁栄」の虚飾性を暴露することであろう。しかし、それにもかかわらず、米国が二一世紀においてその先駆性を主張し、アジアが、いや世界がアメリカから学ぶべきものが少なくとも次の一点においてあることは確かである。それは、ある意味で将来人類が目標とすべき「世界連邦」の実験的ミニチュア版としての米国である。多民族国家は米国以外にもたくさんあるが、さまざまな人種や民族が雑居して社会を構成しているところは米国を措いて他にない。そこにおける平等な人権確立のための努力と成果は、なおさまざまな限界を伴っているとはいえ、人類の共有財産といえるものだからである。

経済だけが人間の社会生活ではない。二一世紀は経済の面ではアジアの世紀だとしても、地球環境の保全ではヨーロッパの時代、人権の面ではアメリカの時代、ともいえるのではなかろうか。

（二〇〇一年二月）

（1）柴垣和夫『知識人の資格としての経済学』大蔵省印刷局、一九九六年、第一講、参照。
（2）馬場宏二「現代世界と日本会社主義」（『現代日本社会』第一巻、所収）、柴垣和夫「経済大国日本の国際的課題」（同、第七巻、所収）参照。
（3）柴垣和夫『現代資本主義の論理』日本経済評論社、一九九七年、第一章、第四章を参照。
（4）柴垣、前掲『知識人の資格としての経済学』第三講、第二五講、前掲『現代資本主義の論理』序章、第一章を参照。

# 二一世紀の資本主義

鶴田満彦

二一世紀の人類社会の課題は、地球環境保全と地球的平等化であり、そのためには、先進国資本主義は、ゼロ成長あるいはマイナス成長に耐えねばならないであろう。さらに、二〇世紀資本主義によって形成され、あるいは歪められてきた各種システムの再構築が不可避である。企業は、「社会の公器」としてすべてのステーク・ホールダーに介入を認めるように改革されねばならない。すべての人間に自己実現の能力を与えて、分配の平等を実現するには、教育システムの充実と無料化が決定的に重要である。地域社会と家族は、人間にとって物心両面のセーフティ・ネットとなると同時に、生きる目的とならなければならないだろう。われわれは、資本主義の倫理的価値を問い直し、資本主義を社会と倫理のなかに埋め込み直さなければならない。

## 1　二〇世紀社会主義の崩壊

二一世紀の初頭に立って激動に満ちた二〇世紀を回顧したとき、二〇世紀に

つるた・みつひこ
1934年生まれ
中央大学商学部教授
専攻：経済理論，日本経済論
『独占資本主義分析序論』有斐閣，1972年
『現代経済システムの位相と展開』（編著）大月書店，1994年
『グローバル化のなかの現代国家』（編著）中央大学出版部，2000年

おける最大の政治経済的事件は、なんと言っても、ソ連社会主義の成立と崩壊であったように思われる。

人類の歴史において、生産手段の共同管理にもとづいて、経済的にも自由・平等な社会関係を実現しようとする社会主義思想は、トマス・モーアの『ユートピア』（一五一六年）以来数多く存在したが、たんなる理想や願望としてではなく、産業革命を経て確立した現実の資本主義の分析にもとづいて資本主義の巨大な力とその歴史的限界を明らかにしたのが、マルクス『資本論』であった。

『資本論』は、土地に代表される自然を土台として、人間が労働と生産財を投入して生産物を生産し、それを生産に参加した人間の間で分配し、さらのその結果が次の生産を準備するという再生産過程がすべて商品経済的に行われる形態はどのようなものであるかを首尾一貫的に説明するものであった。この説明においてコアとなるのは、労働力が商品化する資本主義においては、生産物の労働者への分配は、労働者が労働力を売って得た賃金で消費財の一部を買い戻すという形態をとり、しかも労働者の生み出した純生産と労働者の受けとる実質賃金との間には剰余が存在するという証明（置塩信雄のいわゆる「マルクスの基本定理」）である（置塩②）。しかし、『資本論』は、このような資本主義経済は永遠に続くものではなく、やがては限界にぶつかるものとした。その限界をなす要因としてマルクスが考えたものは、筆者の解釈では、(1)生産と消費の矛盾・労働力の不足・部門間不均衡等にもとづく周期的過剰生産恐慌の激化、(2)労働者の窮乏化あるいは労働疎外にもとづく社会秩序の解体、(3)資本の有機的構成の高度化にもとづく利潤率の低下、などである。

一九一七年ロシア社会主義革命は、もちろん、このようなマルクス理論を指針とするものであったが、後発資本主義としての市民社会的制度の欠如、資本主義に包囲された一国社会主義という制約、レーニンの死によるネップの挫折とスターリンの権力掌握といった条件のために、ほんらい多様で豊富な可能性をもっていたマルクス理論が単純化・教条化あるいは歪曲化されて、ソヴィエト体制のなかに組み込まれることとなった。たとえば、資本主義にとっての限界は、無政府性と部門間不均衡に集約化され、それを克服するものとしての社会主義は中央集権的計画経済に等置され、プロレタリアートの独裁は前衛政党＝共産党の独裁に転化されるといった具合である（伊藤①）。このようなソヴィエト体制の根底には、自然、社会、人間のいずれをもエリートの英知にもとづく計画にしたがって改造・操作できるとする設計主義（ハイエク）があったといってよい。

ソ連に代表される二〇世紀社会主義は、その中央集権的計画経済の硬直性と、政治的抑圧体制のもとでのインセンティブ不足のために、一九九〇年代初頭には崩壊するのだが、少なくとも一九三〇年代から六〇年代にかけてのその業績は、けっして過少評価されるべきではない。すなわち、ソ連は、後発資本主義の農業国からスタートしながら急速に重工業化を推し進めて、第二次大戦ではドイツに勝利し、戦後冷戦でもアメリカと伯仲するほどの工業力・技術力を備えるに至ったのみならず、教育・医療・社会保障の面で資本主義諸国を一時期はリードし、資本主義の福祉国家化への強いインパクトを与えたのである。

## 2 二一世紀資本主義の新地平

ソ連社会主義が停滞へ向かった一九七〇年代は、ニクソン・ショックと石油ショックを契機として先進資本主義諸国も危機に陥った時期であった。ただ、ソ連の場合は、停滞が悪循環的に累積して体制崩壊につながったのに対し（伊藤①）、資本主義の悪循環累積には、「創造的破壊」（シュンペーター）という歯止め、あるいは逆噴射力がある。七〇年代以降において創造的破壊の役割を果たしたものは、ME（マイクロ・エレクトロニクス）情報化と資本主義のアジア化にほかならない。

一九七一年のインテル社によるi４００４プロセサーの開発を起点とするME革命は、コンピュータの小型化・低廉化をつうじて産業技術への広範な浸透を可能にし、ニクソン・ショックと石油ショックを契機として挫折した重化学工業中心の蓄積体制を革新することに寄与したのである。八〇年代には、日本を先頭として、ME技術の生産過程への導入が本格的にすすみ、多品種少量生産をも可能とするFMS（フレキシブル・マニュファクチュアリング・システム）が確立するとともに、OA（オフィス・オートメーション）も推進された。

さらに、九〇年代には、パソコンの低廉化・高性能化が一段とすすむとともに、通信技術の進歩と情報通信に関する規制緩和とあいまって、あらゆるコンピュータ・ネットワークをグローバルに結びつけるいわゆるインターネットが出現し、拡張性・開放性・双方向性をもった情報通信手段として爆発的に普及するに至った。インターネットは、金融・流通を含む既存の産業の業務形態を抜本的に革新したのみならず、Eコマースといわれる新たなビジネス領域を創出した。七〇年代のME革命から九〇年代のインターネット普及に至る情報通信革命は、その規模については未だ見定め難い面はあるにせよ、世紀の転換点を越えて継続し、二一世紀資本主義の新地平の一角を形成することは間違いないであろう。情報通信革命を包摂できなかったところに、二〇世紀社会主義の崩壊の原因の一つがあったといってよいかも知れない。

一九七〇年代における従来型蓄積体制の危機と転換は、他方では、アジアNIEsの勃興をはじめとして、資本主義のアジア化をもたらした。第二次大戦後の国際投資は、先進諸国間（とくにアメリカとヨーロッパ）の水平的資本移動が主流をなしたのに対し、ニクソン・ショック＝ブレトンウッズ体制の崩壊の当然の帰結といっていい石油ショックは、一方には先進資本主義諸国の深刻な蓄積停滞と他方には膨大なオイル・マネーの累積をもたらし、国際的過剰資金の一部を東アジアに流入させて生産資本化することを可能としたのである（野口⑩）。アジアＮＩＥｓには、ＡＳＥＡＮ諸国と改革・解放後の中国が続いた。これら東アジア諸国の多くは、六〇年代までは輸入障壁を設けて輸入代替工業化政策ないし「自力更生」を追求したのであるが、それが縮小均衡を招いて失敗に終わると、七〇年代からは外資も積極的に導入した輸出指向的工業化政策に切り換えて、テイク・オフに成功したのである。この「アジア新工業化」においては、開発独裁国家と国内企業と多国籍企業との「トリプル・アライアンス」（中川⑨）が重要な役割を果たしていた。

こうして、先進資本主義諸国の停滞とは対照的に、八〇年代後半から九〇年代前半にかけての「アジア新工業化」は、東アジアに加えてインドなどの南アジアをも巻き込みつつ前進し、資本主義のアジア化を加速したのであるが、一九九七年には、それまで「世界の成長センター」をなしてきたアジア諸国の多くが突如として激しい通貨・金融危機に襲われ、ＩＭＦの緊急融資を求めて、ＩＭＦの厳しいコンディショナリティを受け入れることを余儀なくされたのである。このアジア通貨・金融危機の原因が、ブレトンウッズ体制解体の鬼っ子といっていい国際的投機資金の急激な流入と流出にあったことは明白である。

しかし、通貨・金融危機によって重大な挫折を被ったものの、危機からの回復も急速であり、アジア諸国が、二一世紀においても「成長センター」の地位を保ち続けることは、間違いないであろう。イギリス主導の一九世紀資本主義が、新大陸アメリカを資本主義化することによって二〇世紀には新しい生命を吹き込まれたように、アジア化は、二一世紀資本主義の新地平の有力な一角をなすにちがいない。

二〇世紀社会主義の崩壊、情報通信革命、そして資本主義のアジア化の当然の帰結が、アメリカ主導のグローバリゼーションである。アメリカは、すでに一九七〇年代において、その経済的・軍事的覇権国としての地位を劇的に後退させており、八〇年代後半にはレーガノミクスの「双子の赤字」によって世界最大の純債務国に転落していたのであるが、九〇年代初頭のソ連・東欧社会主義の崩壊による政治的・軍事的対抗力の消滅を契機に、情報と金融と軍事を梃子としてパクス・アメリカーナの再構築に乗り出した。製造業における優位性の多くを日本やアジア諸国に委譲せざるをえなかったアメリカにとって、残された戦略的産業は情報と金融以外にはない。情報と金融では、収穫逓増（規模の経済）が顕著に作用し、初期の参入者が圧倒的な競争力優位をもつことができる上に、自己に有利な標準・制度をいわゆるグローバル・スタンダードとして全世界に押しつけることができる。二〇世紀末から二一世紀にかけて進行しつつあるグローバリゼーションの重要な一側面は、情報・金融におけるアメリカン・スタンダードを政治的・軍事的へゲモニーのもとに全世界に押しつけ、具体化している過程なのである（鶴田⑧）。

グローバリゼーションは、世界的な自由放任こそがベストの効率と経済的厚生をもたらすという市場原理主義的イデオロギー＝グローバリズムをともなっている。このイデオロギーは、ほんらい共同体と共同体との外的接点で始まったにすぎない市場関係を人間と社会の原理としようというものであって、人間の社会生活に破壊的な作用を及ぼす可能性を持っている。グローバリズムをめぐる市場と人間社会の攻防も、二一世紀資本主義の重要な課題の一つとなろう。

## 3　地球環境の制約

情報化・アジア化・グローバル化によってリードされる二一世紀資本主義にとっての最大の制約は、いうまでもなく、地球環境による制約である。

レスター・ブラウン編の『地球白書二〇〇〇―〇一』⒀によれば、世界人口は一九五〇年から二〇〇〇年のあいだに二五億人から六一億人に増え、二〇五〇年には八九億人になるものと予想されている。大気中の二酸化炭素（$CO_2$）の濃度は、二〇〇年以上前に産業革命が起きたときには、二八〇ｐｐｍ（一〇〇万分率）だったと推定されているが、一九五九年には三一六ｐｐｍとなり、九八年には三六七ｐｐｍになった。三九年間で一六パーセントの上昇である。おそらくはこれにともなって、地球の平均気温は、一九六九―七一年の一三・九九℃から九六―九八年には一四・四三℃に上昇した。現在のペースで$CO_2$濃度が増え続ければ、二一世紀中には産業革命以前のレベルの二倍になるものと予測されているが、そうなれば、地球の気温は少なくとも一℃、最大で四℃上昇し、海面水位は最小で一七センチメートル、最大で一メートル上昇するものと予想される。地下水位の低下をもたらすような地下水の過剰汲み上げは、主要国だけで年間一六〇〇億トンに達するが、一トンの穀物を生産するのに約一〇〇〇トンの水を必要とするので、これは一億六〇〇〇万トンの穀物に相当し、消費からみると世界人口のうち四億八〇〇〇万人の食糧供給は持続不可能な水使用によって生産されていることになる。一人当たり穀物耕地面積は、二〇世紀半ば以来、〇・二四ヘクタールから〇・一二ヘクタールに半減し、さらに二〇五〇年には〇・〇八ヘクタールに減少するものと予想されている。海洋漁獲量は、一九五〇年から九七年のあいだに一九〇〇万トンから九〇〇〇万トン以上に増加し、多くの海洋生物学者が考えている海洋の持続可能な生産量の限界に達した。

地球温暖化や地下水位の低下などというかたちで地球環境という現在および未来の人類の共通財（コモンズ）を食いつぶしながら行われる経済活動は、もはや正常な再生産とはいえない。本来、化石燃料にエネルギー源を依存する工業生産じたい、厳密な意味での再生産ではなかったというべきである。二一世紀資本主義は、現時点ですでに「成長の限界」に達しているようにみえる。

それればかりではない。馬場宏二が強調しているように、現時点において、先進資本主義諸国と発展途上国とのあいだには一人あたり所得で二〇対一に近い格差があり、途上国の人間も先進国並みの生活水準を享受する権利は当然に認められねばならないから、もし世界人口のすべてが現在の先進国並みの所得を生産するとすれば、世界経済の規模は現在の五倍近くに膨脹しなければならないことになる（馬場⑪）。この世界的な善あるいは正義を実現するための経済規模が地球環境のキャパシティを超えていることは明らかである。ここから、馬場は、「軍拡・戦争・兵器実験の類はもはや許されない贅沢」とした上で、先進資本主義諸国の一人あたりGDPを五〇〇〇（一九八二年）米ドル程度にまで縮減することをすすめるのである。

私は、現在の先進国と途上国とのあいだでも、また現在の人類と将来の人類とのあいだでも分配の正義が実現されねばならないとする点、そこから考えて現在の先進国の経済活動が「成長の限界」を超えているとする点では、基本的に、馬場に同意する。

もちろん、地球環境保全と経済成長のトレード・オフの程度は、ある程度までは、技術進歩に依存している。太陽光や風力による発電が画期的に増大し、その電力によって水を分解して水素を抽出し、水素によって燃料電池エンジンを動かすといった技術を成功的に開発することができ、またバイオテクノロジーの発達によって農業・水産業の生産性を画期的に増大させることができれば、「成長の限界」は、多少は高いものとなろう。しかし、技術進歩の程度がどのようであれ、二一世紀資本主義にとって環境制約・供給制約が重大問題になるという点は、変わりがないであろう。

## 4　資本主義の倫理的限界

一八世紀産業革命から二〇世紀末情報技術革命・グローバル化に至る業績をみても、資本主義が経済成長と技術革新にはきわめて好都合なシステムであったことは、疑いえない。経済成長の前提には、ある程度まで適正な資源配分があるから、資本主義は、市場をつうじた資源配分にも威力を発揮してきたというべきであろう。しかし、資本主義は、所詮、生産をはじめとするあらゆる経済活動の目的を「私的な金儲け」とするのだから、外部性を考慮しようとしない点で視野狭小であり、遠い将来を考慮しない点で利那的であり、結果的には、分配の不平等をつくりだす。これらの欠陥をカバーするために、財政や地域社会があるのだが、資本主義は、その生来の文明化作用によって、財政や地域社会や家族にたいしても破壊的な影響を及ぼすようになる（神野⑥）。

さきにみてきたように、二一世紀人類社会の課題は、成長や拡大ではない。課題は地球環境保全と地球的平等化であり、そのためには、先進資本主義諸国にはゼロ成長あるいはマイナス成長が課される可能性がある。また、二〇世紀資本主義によって形成され、あるいは歪められてきた企業システム・教育システム・地域社会・家族の再構築が必要であろう。ゼロ成長あるいはマイナス成長の資本主義とは、形容矛盾のようではあるが、二一世紀に資本主義がサバイバルを果たすためには、それに耐えなければならないのである。資本主義の中心的存在形態としての企業は、環境破壊などの外部的・長期的コストを十分に負担できるように、また「社会の公器」としてすべてのステーク・ホールダーに介入を認めるように改革されねばならない（森岡⑫）。すべての人間に自己実現の能力を与えて、分配の平等を実現するためには、教育システムの充実（資源の傾斜配分）と無料化が決定的に重要である。地域社会と家族は、人間にとっての物心両面のセーフティ・ネットとなると同時に、生きる目的とならなければならないだろう（神野⑥）。

周知のように、マルクスは資本主義を超えた人類社会の未来に人間的能力の発展それ自体が自己目的として評価される「真の自由な王国」（『資本論』第三巻第四八章）を構想していた。ケインズは、資本主義について、「本質的には、幾多の点できわめて好ましくないものである」（ケインズ③）と考え、資本主義を超えた未来社会には「われわれはもう一度手段より目的を高く評価し、効用よりも善を選ぶことになる」（ケインズ④）ともいっていた。マルクスのいう人間的能力の発展それ自体が自己目的として評価される社会、またケインズのいう手段より目的を高く評価し、効用よりも善を選ぶ社会は、必ずしも同一の内容ではないが、佐和隆光のいうポスト・マテリアリズム（佐和⑤）においてのみ成立するという点では、共通する性格をもつ。二〇世紀資本主義の成長と二〇世紀社会主義の崩壊を目の当たりにし、地球環境の有限性と設計主義の不可能性とを思い知らされたわれわれとしては、資本主義の経済的機能よりもむしろ倫理的価値を問い直し、資本主義を社会と倫理のなかに埋め込み直さなければならない。二一世紀末まで資本主義が生存するとすれば、それは、地球的なレベルで社会と倫理に包囲された資本主義であろう。

## 参考文献


① 伊藤　誠『市場経済と社会主義』平凡社、一九九五年
② 置塩信雄『資本制経済の基礎理論』創文社、一九六五年
③ J・M・ケインズ「自由放任の終焉」(『ケインズ全集』第九巻、東洋経済新報社、所収
④ J・M・ケインズ「わが孫たちの経済的可能性」(『ケインズ全集』第九巻、東洋経済新報社、所収
⑤ 佐和隆光『市場主義の終焉――日本経済をどうするのか』岩波書店、二〇〇〇年
⑥ 神野直彦『「希望の島」への改革』日本放送出版協会、二〇〇一年
⑦ 鶴田満彦「望ましい経済システムを求めて」(同編著『現代経済システムの位相と展開』大月書店、一九九四年、所収)
⑧ 鶴田満彦「現代国家の危機」(鶴田満彦・渡辺俊彦編『グローバル化のなかの現代国家』中央大学出版部、二〇〇〇年、所収)
⑨ 中川信義「アジア工業化と二一世紀アジア資本主義」(『経済理論学会年報』第三四集、青木書店、一九九七年、所収)
⑩ 野口　真「戦後世界システムの転換と中心・周辺関係の変容」(伊藤誠編『現代資本主義のダイナミズム』御茶の水書房、一九九九年、所収)
⑪ 馬場宏二『新資本主義論』名古屋大学出版会、一九九七年
⑫ 森岡孝二『日本経済の選択――企業のあり方を問う』桜井書店、二〇〇〇年
⑬ レスター・R・ブラウン編著、浜中裕徳監訳『地球白書二〇〇〇―〇一』ダイヤモンド社、二〇〇〇年
⑭ K・マルクス『資本論』

# IT革命が予示する二一世紀の資本主義像

## グローバル・ネットワークの形成と労働の変容

野口　真

二一世紀の幕開けは資本主義のグローバル・ネットワーク時代の到来を告げた。企業は地球規模の情報ネットワークをとおして、全世界に分散する生産要因をバーチャルな空間上で組み合わせ、世界の労働過程をあたかもひとつの工場へ統合するかのように扱えるようになる。製造拠点を海外に依存し巨額の対外債務を抱えたアメリカ経済は、このネットワークをグローバル市場形成のための梃子としながら全世界の労働と資金を活用し、それをIT主導の経済成長につなげてきた。そのアメリカ資本主義主導の市場依存型グローバル化が、世界の至るところに制度間の摩擦と経済の動揺をもたらしている。しかしながら、生産要因の統合にグローバル・ネットワークをどう活用するのかについては、多様な答えがありうるはずである。わが国がグローバル化の軋轢と不安定を乗り越えてゆくには、既存の境界にこだわらずアジアに目を向け独自なネットワーク統合のあり方を探るべきなのだ。

のぐち・まこと

1948年生まれ

専修大学経済学部教授

専攻：経済理論，経済発展論

『現代資本主義と有効需要の理論』社会評論社，1990年

『マルクスの逆襲』（共編著）日本評論社，1996年

『進化する資本主義』（共編著）日本評論社，1999年

## はじめに

一九世紀の幕開けは産業革命の時代の到来を告げた。二〇世紀は戦争と革命に揺れる時代を予兆する鳴動とともに始まった。では二一世紀は、資本主義にとって何の始まりになるのであろうか。

成立して以後二世紀ほどの歴史しかもたない資本主義にとって、一〇〇年という区切りが、はたしてその発展段階を大きく画するほどの意味をもつのかどうか、そうした疑問もなくはない。しかしながら、ここ一〇年ほどのあいだに起こりつつある急激な変化は、資本主義がこれまで経験してきた構造転換の歴史に匹敵するほどの、あるいはそれを上回るかもしれないほどの、深くかつ広い影響を及ぼしているとの予感を抱かせるに足りる。

世紀転換点においてみえてくる時代変容の兆候を拾いだすことはたやすい。冷戦の終結で決定的となったソ連型社会主義あるいは中央指令型経済の失敗、インターネットの普及がもたらした地球的ネットワークの形成、グローバリゼーションが国民経済に加える同化の圧力、その圧力のもとで生ずる制度間・文化間の摩擦、全世界を覆う市場の運動の中心から弾き出される地域と人びとの群れ、IT革命に託される革新への期待の膨らみとは裏腹なバブル破綻の不安、これら思いつくままに列挙した諸事象は、一見するとばらばらな出来事のようにみえる。しかしよく考えてみると、それらすべてが世紀転換期の資本主義世界の運動を織り成す糸で強く結ばれている。その糸を手繰ることによって、二一世紀の資本主義がどのようにみえてくるのか、それは私たちが取り組まねばならない課題なのであるが、この小稿でそのすべてを論じ尽くすことは到底できない。ここでは、グローバル・ネットワークの形成が企業と労働のあり方にいかなる変容を迫るものであるのか、そこに焦点を据えて大まかな見取り図を描くことを試みてみたい(1)。

## 地政学的変動

冷戦の終結によって、それまで地球の東西を隔てていた壁は崩れ去り、市場と資本主義のグローバル化を妨げてきた大きな政治的軍事的「脅威」のひとつが消え失せた。ソ連型社会主義の失敗は、社会主義思想全般への信頼、社会改革への期待を大きく揺るがすというイデオロギー上の副次作用をともない、その影響は資本主義国内部の政治経済にまで深く及んだ。こうして冷戦の終結は、たとえそれが望まれるべきものであったとしても、資本主義にとって市場万能主義の闊歩を妨げる外なる壁とともに内なる壁をも取り払う効果をもったのである。同時にまた冷戦の終結は、地球の「東側」を地政学的空間から突如として消滅させたのであるから、ただアメリカ一国のみを、経済的に維持困難なほど突出した軍事力をもつ超大国として存続させるという結末をもたらした。このように急激な地政学的変動こそが、その後において資本主義のグローバル化の方向を定める大きな歴史的条件をなしたのである。

近年、デジタル革命あるいはIT革命の名で呼ばれている新しい技術革新の波と、それが資本主義各国に及ぼしつつある構造転換への圧力もまた、地滑り的に生じた地政学的変化と無関係ではない。一九八〇年代にはまだ局所的空間での生産・流通・金融の自動制御への応用にほぼ留まっていた情報通信技術の革新は、九〇年代に入ると、インターネットの普及に端的に示されているように、全地球空間を覆う情報ネットワークの形成へと結びついた。このプロセスは、冷戦終結で、経済的に維持困難なほど突出した軍事力をもつ超大国として残されたアメリカが、冷戦後平時体制への移行を進めるなかで、グローバルな情報ネットワークを巧みに活用する経済システムをいち早くつくりあげていく過程と重なる。グローバル・ネットワークが市場と資本主義の地球的一体化のための強力な梃子として働いているという事実、さらには、そうしたグローバリゼーションが経済と社会をアメリカ型標準へと一様化する圧力を不断に生み落としてきたという事実、これらは冷戦終結の果実をアメリカ資本主義が巧みに刈りとってきたプロセスを暗示する。

実際、アメリカの軍事支出は冷戦終結を境にして削減傾向を強めてゆくのであり、一九九三年価格で測ると、レーガン政権のもと軍事費膨張の続いた八〇年代の半ばにあたる一九八五年には三三九二億ドルであったのが、「デジタル革命」が軌道に乗り始めた一九九四年には二七八七億ドルへと縮小した。名目額でみた軍事支出も、対GNP比でみると、一九八七年の六・一%から一九九七年の三・三%へと大幅に低下している。(2) 国民支出構成のこうした急激な転換は、情報通信関連分野を中心に軍事技術、軍事要員の民生利用を促進する効果をともなったことを推測させる。軍事費の膨張が設備投資の低調を補うことによって成長が維持された八〇年代、それとは対極的に軍事費の削減傾向が強まるなかでIT関連の好調な設備投資が成長を支えた九〇年代、このように九〇年代初頭を節目にアメリカ資本主義の成長メカニズムは大きく転換したが、それを可能にした歴史的条件として冷戦終結がもつ意義は、従来必ずしも十分に考慮に入れられてこなかったけれども、適切に評価されるべきなのである。

## グローバル・ネットワークと企業システム

ところで、かまびすしいほど議論が絶えない資本主義のグローバル化とは、果たしていまにして始まったことなのであろうか。だが歴史を振り返ってみると、資本主義の形成、成立、展開は、ある意味では市場のグローバルなネットワークの形成と発展でもあったといえるだろう。このような理由から、近時のグローバリゼーションがもつ歴史的に独自な性格を否定しようとする論者もいなくはない。確かに、貿易額や海外投資額が国民経済に占める比重、国境を越える労働力移動の規模などを指標にとって経済のグローバル化の度合いを測ると、世界市場の分割と再分割をめぐる抗争が激化した一世紀前の世紀転換期もまた、今次の世紀転換期と並びうる、あるいは一面ではそれを上回る勢いで、グローバリゼーションが進行した時代であったといえる。そうした点に着目すれば、冷戦の終結は時計の針を逆回りさせて資本主義世界をロシア革命以前へと一世紀ほどタイムスリップさせたかのようにみえなくもない。ロシア革命以前の時代状況への反転という歴史理解には、ソ連崩壊で諸民族の自決運動が再噴出したことに注目するエレーヌ・カレール＝ダンコースのような見方があり、政治史的国際関係史的観点からみても、簡単に一笑に付するわけにはいかない一面がある。しかしながら、二つの世紀転換点を大きく引き裂くのは、世界を覆うグローバル・ネットワークの歴史的性格の違いなのである。

一世紀前に市場の世界化と世界市場分割の競争の梃子となったのは鉄道網の建設であった。いま、市場のグローバル化とグローバル市場での競争の梃子として働いているのは、インターネットに代表される情報ネットワークである。鉄道網や電話網などの在来型ネットワークが中央集中型管理に馴染みやすく、独占的支配や計画的制御の手段として有効であったのに対して、インターネットが創り出したグローバル・ネットワークは、その情報伝達と情報処理の機能が、ネットワークを構成するコンピュータのあいだに自生的に形成される社会的協業関係の展開に決定的に依存するという特性をもつ。そのために、グローバル・ネットワークは、独占することも計画的に制御することもきわめて困難なのである。このように世界市場のインフラストラクチュア、あるいはマルクスの言葉を借りれば交通様式というべきものに生じつつある劇的な変化が、二〇世紀には資本主義の組織化に向かわせたベクトルの方向を、今度は脱組織化へと反転させる構造的圧力を生んでいるのである。

では、インターネットという地球規模の自律分散型ネットワークが、人々の交通様式にもたらしつつある変化の核心はどこにあるのだろうか。それは、簡潔に言えば、身体あるいは本体の物理的移動をともなわずに交信し処理できる情報の範囲を劇的に拡大した点にある。たとえば企業は、生産資本を全世界に分散配置し、それをネットワークで結ぶことによって、立地を異にする生産要因を、あたかも一工場内の生産要因であるかのようにして処理することができる。それだけではない。企業は生産資本を実際に移転せずとも、外部の企業との多様で柔軟な提携関係を結ぶことによって、外部の企業の生産要因でさえも、ネットワーク上での交信をとおして、あたかも自社内の生産要因であるかのように扱うことさえ可能となる。交通様式変革のダイナミズムの衝撃は、貨幣資本のやり取りにまでも及んでいる。元本あるいは原資産の移転をともなうことなく、それに対する権利あるいは選択権の取引をするだけでその物理的移転と類似した効果を得ることが可能となり、高レバレッジによって利益をひねり出す手法が編み出されてきた。また、特性を異にする経済関係を背景として成立する地域的金融市場がネットワークをとおして地球規模で連接されたことによって、信用リスク評価の仕方が異なる多様な地域の原資産のやり取りから、多様なリスクをもつ金融商品を派生させることができるようになった。鞘取りを目指すファンドマネージャーは、こうして生み出される金融商品に、地域での原資産のリスク評価とは異なる評価を与えて、ポートフォリオ投資にそれを組み入れる。このようにして、人や財のみにとどまらず、金融的資産のやり取りにおいてさえも、デイヴィッド・ハーヴェイの比喩的表現に倣えば、いわばライプニッツの自立したモナドが身体ある

いは物質の制約から解き放たれて仮想空間上で交信し合うかのような幻影がまことしやかなものとなる。(3)

これらのことが及ぼす影響を企業システムに即して整理し直してみれば、次のようなことがいえるであろう。グローバル・ネットワークの発展によって企業は分散した立地をバーチャルに統合することが可能となり、生産要因の動員において企業の内と外とを固定的に仕切ることがますます困難になってきた。また、地域的市場がグローバルに連接することによって、企業は地域的特性を反映し様々に差異化された全世界の消費者を相手に供給することを強いられるようになる。この結果、企業がグローバルな事業展開に深入りすればするほど、多様な需要に見合った生産の特製化を生産効率と折り合わせるために、世界各地に分散された生産要因をうまく組み合わせていかなければならなくなる。こうして生産要因のモジュラー化がグローバル企業にとっての避けがたい選択肢となるのである。地球的範囲で分散する生産要因は、グローバル企業に都合よく規格化されたうえで、取捨選択的に投入のモジュールに加えられていく。たとえば労働に即して言えば、単に技能や経験によるだけではなく、学歴、性別、年齢、人種などの種差によって切り刻まれた労働力が交換可能な部品として、地球規模の利殖運動へ取っ換え引っ換え動員されるようになる。企業あるいは企業集団の仕切られた境界内へ労働とその技能を囲い込むことによっては、グローバルな規模で生産の柔軟性と効率性とを折り合わせることはますます困難になる。

資本の境界が不断に動揺するのに対応して、労働あるいは労働過程の境界もまた不断に動揺する。それは一見すると、全世界の労働を単に細分化と流動化の運動に投げ込み、マルクスが『資本論』で想定したように抽象化と一般化の煉火にさらすようにみえるかもしれない。しかし事はそう単純ではない。労働は、賃金、技能、雇用条件を含む多様な差異と格差を保持しながら、あるいはむしろ、発展途上経済の単純労働から先進経済の知識労働に至るまでその差異および格差を広げながら、企業の境界を超えた結合と再結合の運動に取り込まれるのである。そこでは、労働の差異と格差さえも、地球規模でネットワーク化された労働過程のモジュールとして扱われる。しかし、世界労働のそのようなネットワーク統合からどのようにして利潤を引き出すのかは、グローバル企業にとっても答えはひとつではない。労働のいかなる差異をどう組み合わせて、世界生産のマスとカスタマイズの要請を折り合わせるのかは、単に技術的な問題ではなく、コーディネートする組織のあり方にも深く関る問題なのであり、したがって、企業はその境界の動揺にともなって、労働過程統合のための組織変革を不断に求められることにもなる。

## ネットワーク統合の軋轢と不安定性

グローバル・ネットワークが示す情報処理の自律分散性は、市場交換による情報の分散処理のメカニズムを髣髴させる。市場交換のネットワークに参加する個々人は、売買の連鎖を、互いに面識のない相手を含む無数の人々との間に形成する。分散する個々人のやり取りによって自生的に形成される交換連鎖の網を伝わって、多数の売り情報と買い情報とが行き交い、個々人はその淀みなく流れる大量の情報のなかから、売り物あるいは買い物として必要な商品についての情報を選びとる。この交換の網が果たす役割において注目されるのは、その働きが、網を支える個々の担い手の私的意図とは独立に、彼らの意図せざる「社会的協業」の結果として生みだされてくるということである。行き交う商品情報の伝達と処理をとおして、この絶え間なく変転する網状組織はそれを担う個々人に思いもかけない知識の発見を可能にさせる。マルクス的な理解では、交換ネットワークは人と人との関係を物と物との関係に転じるものだと解釈されてきたが、その意味することの要諦は、私的な取引の連鎖が交換の網として事物化され、それが個々のやり取りからは独立した働きをもつところにこそあると捉え直すべきであろう。まさしくそれと類似したことが、インターネット上を行き交う情報の伝達と処理についてもいえる。インターネットの網もまた、ネットワークを構成する個々のコンピュータとその使い手の意図せざる「社会的協業」の結果として生み出されたのであり、そのようなものとしてそれは知識発見のための汲めども尽きない機会を提供しうる。

だが興味深いことには、インターネットは、そのネットワークとしての働きがしばしば軋轢と不安定の種となるという点においても、市場交換と相似的な一面をもつ。市場交換の網のなかへとインターネットの網が深く深く取り込まれるほど、その不安はますますあらわになる。市場交換の中心には企業が位置しており、その利殖運動のうちへと、差異化された労働のモジュールがグローバル・ネットワークをとおして変幻自在に動員される時代が訪れつつある。すでに述べたように、ネットワーク統合をいかなる組織でおこない、そこからどのような発見を導き出し、それを生産効率の達成にどう結びつけるのかについては、技術的に確定しうる答えがあるわけではない。また、ネットワークでの交信と市場交換との間にたとえ類似性があるとしても、前者にみられるボランタリーな情報のやり取りのすべてを市場交換の論理に吸収することができないのもいうまでもない。にもかかわらず、この世紀転換期には、地域的金融をつなぐグローバルな市場連接の網を背景として、ファンドマネージャーが跳梁し、彼らの利害が企業経営に強く反映するような資本市場優位の企業ガバナンスが勢いを増してきた。企業はその資産価値の評価を高めるうえからも、モジュールとして組み入れる生産要因、とりわけ差異化された労働力の市場評価を厳しくおこなおうとする。このようにグローバル・ネットワークを市場支配の梃子として活用できる体制をいち早く整えたのは、冷戦終結による平和の配当の大半を享受したアメリカ資本主義であった。そのアメリカの経済がIT主導型成長の波に乗ってブームを持続できたというのも、異なる制度的条件のもとで多様な地域的役割を果たしてきた世界の労働と資金を、グローバルな市場連接を介してその地域的空間から引きはがし、国内のIT主導の経済成長へと統合するコーディネーションが比較的うまく働く歴史的条件に恵まれたからである。巨額の対外債務をかかえながら、また製造拠点を海外とりわけアジアに決定的に依存しながら、アメリカ経済が、かくも旺盛な設備投資に導かれて独りひた走ることできたのはなぜなのか、それを解き明かす秘密がそこにある。

しかしながら、アメリカ資本主義の市場依存型コーディネーションによって導かれてきたグローバルな利殖運動は、いったい世界に何をもたらしてきたであろうか。それは、世界の至るところで頻発する制度間摩擦であり、覆い隠すことがますます困難となりつつあるネットワーク利用の不安定性である。グローバル・ネットワークを梃子とする資本の価値増殖運動は、それぞれの地域的空間のなかで独自な制度的意味をもっていた労働を含む生産要因をモジュール化したうえで、地域的市場とはまったく異なる市場評価のまかりとおるバーチャルな地球的市場空間へと統合しようとする。グローバル化とはいっても、財市場、労働市場はいうまでもなく、金融市場においてさえ、地球的均質市場ができるわけではない。市場交換が、交換される使用価値の特異性、その変異の独自な地域的文化的あり方から、完全に自由になることなどはありえない。実は制度としての市場がなぜ多様性をもちうるのかを原理的に問い詰めるならばその問題に行き着くのだが、それはともかく、そのように多様な制度的背景のもとで成立している市場の地域的空間に対して、そこに埋め込まれた生産要因を地球的均質市場の論理で評価し直し選別する圧力が加わることによって、地域あるいは国民経済における企業、労働、金融、国家などの様々なレベルで、組織や制度の動揺と機能不全が助長されることになるのは疑いないのである。

資本主義のネットワーク革命がもたらす不安はそれだけにとどまらない。ＩＴ主導の経済成長に対する高まる期待は、ネットワーク関連企業への市場の評価を思惑的に高め、ネットワーク統合の不確かな生産性効果からはかけ離れた資産評価を煽ることになりやすい。それは、すでに示唆したように、ネットワーク統合の生産性がその無数の使用者によるネットワーク活用のあり方に依存するという自己循環性に本源的には起因する。ネットバブルという言葉がいまでは現実味を帯びて語られつつあるが、それはネットワーク依存の発展が陥りやすい自己実現的成長の罠への大きな警鐘と受けとめられるべきなのである。

## 結び

さて、わが国の経済システムは、八〇年代には高いパフォーマンスを実現しながら、九〇年代に入るとバブル後遺症に苦しみ、同時にグローバリゼーションの大波に洗われ、その結果、一転して既存の諸制度の機能不全を露呈してきた。上の短い考察でみたように、二一世紀の幕開けがグローバル・ネットワーク時代の到来を告げるものであるならば、国境だけでなく、地域の境界、業界の境界、企業の境界等々にみられる既存の境界にしがみついた行き方はこれからは許されなくなるだろう。この歴史的現実を私たちは直視しなければならない。しかし、だからといってアメリカ資本主義の跡追いをすることが唯一の望ましい選択肢であるかのような風潮に棹さすことは、ネットワーク統合の多様なあり方を見失い、グローバル市場の軋轢と不安定に身をさらすことになるだけであろう。最近注目を浴びているボルダー・モデルと呼ばれるオランダの労使協議型経済の成功が示しているように、グローバル・ネットワークに適合的な労働のフレキシブルな統合のあり方はアングロ・アメリカンの市場依存型だけではないのである。オランダがその伝統的な手法を新しい環境に適用したように、わが国も働き手の参画のもとに、境界にとらわれない労働過程のフレキシブルな統合の独自なあり方を探らなければならないだろう。そのヒントは、わが国の労使が、世界の工場として台頭してきたアジアのなかで、境界を超えた多様な労働の協同のネットワークをつくりあげていく試みのなかに隠されているようにみえる。その課題にどう取り組むか、そこに二一世紀の資本主義の進化に見合ったわが国経済の将来がかかっている。それは言いすぎであろうか。

（1）この小稿を補足する論文として、次のものをあげておく。
野口真「資本主義進化の中間理論——日本型資本主義の『盛衰』をどう読み解くか」（『経済セミナー』一九九八年九月号、一〇六—一一三頁）
——「資本主義経済の原理と資本主義制度の進化（1）」（『専修経済学論集』第四三巻第一号、一七一—二二七頁、一九九九年）
——「戦後世界システムの転換と中心・周辺関係の変容」（伊藤誠編著『現代資本主義のダイナミズム』御茶の水書房、三三—八四頁、一九九九年）
——「アジア経済危機と現代資本主義のゆくえ」（伊藤誠・降旗節雄編著『マルクス理論の再構築』社会評論社、一六七—二〇九頁、二〇〇〇年）
——「グローバル化する資本主義のジレンマ」（『季刊アソシエ』御茶の水書房、第四号、九—三五頁、二〇〇〇年）
——「現代資本主義をどう観るのか（上・下）」（『情況』二〇〇〇年一二月号、一八五—二〇九頁、同二

〇〇一年一・二月号、一七八―一九九頁）

――「アジア金融危機と制度間摩擦」（『進化経済学論集』第五集、四一九―四二八頁、二〇〇一年三月）

（2） *The Military Balance 1995–96*, IISS, および *World Military Expenditures and Arms Transfers*, U. S. Department of State を参照。

（3） Harvey, D., *Justice, Nature and the Geography of Difference*, Blackwell, 1996.

# Ⅱ　新しい経済社会の可能性

# 多元的な組織と制度による資本主義への対抗

柴田德太郎

## 資本主義の黄金時代を支えた制度的枠組み

二一世紀の経済社会を構想するに当たって、二〇世紀とはいかなる時代であったのかを振り返ってみる必要がある。

まず第一に、二〇世紀は、ソ連型社会主義建設の壮大な歴史的実験が行われ、その実験が失敗のうちに終焉した時代であった。それと同時に、二〇世紀は、社会主義という側圧を受けながら、資本主義が大きな変貌を遂げた時代でもあった。これが、二〇世紀の第二の特徴である。

二〇世紀における資本主義変貌の第一の転機は、大恐慌によってもたらされた。一九二九年一〇月の株価暴落によって始まったアメリカの大恐慌は世界に波及し、世界的な資本主義の危機がもたらされた。市場経済の自動回復力が著しく低下し、資本主義は存亡の危機に立たされたのである。この危機への対応として、一九三〇年代に二つの社会改革の実験が試みられた。この二つとは、言うまでもなく、ドイツのナチス経済とアメリカのニューディール改革である。

しばた・とくたろう
1951年生まれ
東京大学大学院経済学研究科・経済学部教授
専攻：現代資本主義論
『大恐慌と現代資本主義』東洋経済新報社，1996年
『多元的経済社会の構想』（共編著）日本評論社，近刊
『現代世界経済システム』（共編著）東洋経済新報社，1995年

この二つの実験は、第二次世界大戦でドイツが敗北しアメリカが勝利したことによって、後者すなわちニューディール改革のみが第二次大戦以降に継承されていくことになった。

ニューディール期に形成が開始され、戦時経済の時期を経て、第二次大戦後に定着したアメリカ資本主義の制度的枠組みは、アメリカ・モデルとして、アメリカのみならず戦後資本主義の「黄金時代」を支える枠組みの基準となった。この制度的枠組みは、不安定な性格を持つ資本主義を安定化させる役割を果たしていたと考えられる。

この枠組みは、次の四本柱から成り立っていた。第一の柱は、ＩＭＦ＝ドル体制と呼ばれる国際管理通貨体制であった。一九二〇年代に再建された国際金本位制は、戦前の国際金本位制とは異なり脆弱で不安定な制度であり、世界大恐慌の過程で崩壊する。その後、一九三〇年代に国際通貨体制は再建されることはなく、世界経済のブロック化が進み、国際貿易や国際金融取引の発展が阻害された。こうした世界経済の分断が、第二次世界大戦勃発の原因の一つであったと考えられた。そこで、第二次大戦終結以前から連合国側では国際的な管理通貨制度の構築が構想され、国際通貨基金（ＩＭＦ）が設立されたのである。

だが、戦後世界経済の安定化のためには、ＩＭＦの設立だけでは不十分であった。戦後復興のために必要な基軸通貨ドルを、アメリカが対外的に供給することが求められていた。この問題を解決したのが、冷戦の開始であった。冷戦の開始に伴い、アメリカはマーシャル援助をはじめとする対外援助と対外軍事支出を行い、基軸通貨ドルを対外的に供給していったのである。冷戦の開始によってＩＭＦ＝ドル体制が確立したと言っても過言ではないであろう。この国際管理通貨体制の下でヨーロッパや日本の戦後復興が実現し、世界経済は長期にわたる成長を成し遂げたのである。

資本主義の「黄金時代」を支えた制度的枠組みの第二の柱は、「フォード主義」と呼ばれるシステムであった。その中核をなすのが「労使妥協体制」であった。一九二〇年代のアメリカ労使関係は経営者優位であったために、大量生産方式の導入による生産性の上昇の果実は労働者の賃金上昇に十分反映されず、企業利潤の急速な増加をもたらした。その結果、一方では株式ブームが発生し、他方では所得分配の不平等化が進行し、耐久消費財ブームが限界に直面した。この「経営者優位の労使関係」と「所得分配の不平等化」が大恐慌発生の原因であると考えられたので、ニューディール期には労働組合の交渉力を高める立法が制定された。

その結果、一九三〇年代には「労組優位の労使関係」が形成された。だが、この関係も、一方で賃金の上昇をもたらしたが、他方で利潤確保の困難が生じ、三七年には投資の減退が起こったため、長続きしなかった。その後、戦時経済期の「労使協調」の経験を経て、第二次大戦後に「労使の妥協」が成立することによって、初めて資本蓄積と調和的な労使関係が確立することになった。一方で、生産性上昇の果実が実質賃金の上昇に結びついたため、有効需要の拡大が実現され、二〇年代には果たし得なかった「豊かな大衆消費社会」の形成が可能となった。他方、賃金の上昇は生産性の上昇によって吸収されるか、あるいは価格に転嫁することが可能となったので、企業経営者は利潤マージンの確保が可能となった。

「労使妥協体制」を補完し、「フォード主義」を支えたのが、国家の「所得再分配機能」および「経済安定化機能」の確立であった。「豊かな大衆消費社会」の実現のためには、高生産性部門での実質賃金上昇だけでは不十分であった。なぜならば、低生産性部門でも実質所得が増加しなければ所得分配の不平等が生じ、需要の拡大を制約する可能性があるからである。この問題点については、低所得層への所得再分配を保証する仕組みの確立、すなわち、社会福祉制度の充実が有効な手だてとなりうる。この国家財政の「所得再分配機能」は、同時に反循環的な「景気安定化機能」を果たしうる。不況になれば税収が減少して福祉支出が増加し、好況が過熱すれば税収が増加して福祉支出が減少するからである。このような国家財政の機能はアメリカではニューディール期に開始され、戦時経済期の国家財政の膨張を経て第二次大戦後に定着したのである。

「黄金時代」を支えた制度的枠組みの第三の柱は、「規制と救済」の金融制度であった。ニューディール期の金融制度改革において、一方で投機を規制する法律が制定され、他方で金融恐慌を予防するための救済機構が形成された。後者の中身は、中央銀行の「最後の貸手機能」の拡充と預金保険機構の創設であった。[1] この救済機構は前述した大きな政府と共に、戦後のアメリカ金融制度の安定化に寄与したのであった。

## 黄金時代を支えた制度的枠組みの不安定化

これまで説明してきた資本主義の「黄金時代」を支えた三つの柱——IMF＝ドル体制、フォード主義(労使妥協体制と福祉国家)、規制と救済の金融制度——は、具体的な形態は異なるが、アメリカだけでなく、ヨーロッパや日本の戦後資本主義の繁栄を支える制度的枠組みであった。だが、この制度的枠組みは、一九七〇年代以降になると不安定化し、順調な資本蓄積を支え続けることが困難となった。二〇世紀における資本主義の第二の転機が訪れたのである。

第一に、IMF＝ドル体制が一九七〇年代初頭に崩壊する。第二次大戦直後には世界的な「ドル不足」が問題であったが、六〇年代以降には逆に「ドル過剰」が問題となった。その理由は、EEC設立以降のヨーロッパへの直接投資拡大、アメリカ産業の国際競争力低下による貿易収支の黒字縮小、ヴェトナムへの軍事的介入拡大による対外軍事支出の拡大などによるアメリカ国際収支の赤字拡大であった。その結果、アメリカの対外短期債務が金準備を大幅に上回るようになり、七一年八月にアメリカはドルの金交換性を停止する。七三年春に固定相場制が最終的に崩壊し、それ以降、主要通貨間は変動相場制の時代に突入した。

ドルの金交換性が停止され、変動相場制になったため、基軸通貨国アメリカに国際収支の制約を課す仕組みが失われた。アメリカは基軸通貨特権を持つがゆえに、国際収支の赤字を自国通貨ドルで決済することが可能となった。一九八〇年代にレーガン政権が減税とインフレ抑制を実施すると、連邦財政赤字と経常収支赤字という「双子の赤字」が急増し、これに伴い資本の流入も急増した。この「レーガノミクス」の実験により、アメリカは世界最大の債権国から世界最大の債務国に転落した。基軸通貨国が世界最大の累積債務国になるという異常な事態に陥ったのである。

累積債務国化は経常収支の悪化要因であるから、資本輸入の増加によって経常収支赤字の拡大をファイナンスし続けることは困難である。そこで、八五年秋の「プラザ合意」によって、ドルの為替相場下落による調整が行われたが、経常収支赤字は逆に増加してしまった。その結果、八七年にはドル暴落の危機が発生した。この「ドル暴落」の危機を救ったのが、国際金融協力であった。この国際協力は成功したが、諸外国での「ドル買い支え」および金融緩和政策は各国で流動性の急増という副作用を生み出し、バブル経済の原因を創り出すことになってしまった。

「レーガノミクス」によって生み出された国際過剰流動性が、八〇年代末のバブル経済の源泉となったのである。この過剰流動性は、金融のグローバリゼーションの進展により、ホットマネーとして世界中を駆けめぐり、世界経済の重大な不安定要因となっている。その典型的な例が、九七年のアジア通貨・金融危機であった。

第二に、「フォード主義」も行き詰まりに直面した。「フォード主義」の中核をなす「労使妥協体制」の前提は、生産性の上昇と国際競争上の優位であった。七〇年代以降になると、この前提条件が失われた。アメリカ的な大量生産システムの硬直性ゆえに生産性上昇率は低下し、ドイツや日本など後発資本主義国の追い上げにより、アメリカ産業の国際競争力は低下した。こうした状況の変化を前にして、アメリカの企業は、硬直的な労使関係と高賃金を回避して、伝統的な中西部の工業地帯から労働組織の弱い南西部や、低賃金を求めて中南米や東南アジアへ生産拠点を移す動きを強めたのである。

その結果、労働組合の組織力、交渉力が低下し、「労使妥協体制」は「経営者優位の労使関係」へと変貌を遂げたのである。賃金上昇率が劇的に低下し、基本給の引き上げよりボーナスや利益分配制度が好まれ、雇用保証の獲得も限定的となった。こうした労使関係の組み替えによる賃金コストの削減、M&Aによる事業再編、開発・生産システムの修正などによって、アメリカ企業の収益構造は九〇年代に改善に向かった。だが、他方で、実質時間賃金は七〇年代以降低下傾向にあり、所得分配の不平等化が進んだのである。

国家の経済安定化機能も七〇年代以降、限界に直面する。七〇年代後半に実施された拡張的な財政金融政策は、一方では景気の拡大をもたらしたが、他方で貿易収支の赤字拡大によるドルの為替相場下落とインフレの高進という悪循環を生み出す結果となった。アメリカが三〇年代のような「需要不足経済」から

「供給不足（需要過剰）経済」に転換したため、国家の「所得再分配機能」への社会的支持も低下した。

第三に、「規制と救済」のニューディール型金融制度も、六〇年代後半にインフレ率が上昇し始めると行き詰まりに直面した。インフレの高進によりCDの流通利回りがレギュレーションQによる上限金利を上回るようになると、銀行は既発行CDの借り換え困難に直面し、企業の資金需要に十分に応じることができなくなった。預金金融機関の金融仲介機能の低下（金融のディスインターミディエーション）によるクレジット・クランチが発生したのである。このクレジット・クランチは六六、六九、七四―七五年に起こったが、FRBの最後の貸し手機能、FDICの救済機能、連邦政府の景気後退抑制機能などにより、金融恐慌の発生は食い止められた。

だが、七〇年代後半になるとニューディール型金融規制と金融市場の現実との矛盾はいっそう明白となる。高インフレ・高金利を背景に、利子の付かない要求払い預金に代わる新種の金融商品（利子付きの決済手段）が開発された。その代表的なものがMMMFであった。こうした銀行預金類似口座の開発と普及に対して、預金金融機関も新しい金融商品（オーバーナイトRP、NOW勘定、シェア・ドラフト勘定など）を開発して応戦した。このような金融革新の進展によるニューディール金融規制の形骸化という新しい事態に対応するために、旧来の連邦規制の枠組みを大幅に変える画期的な立法である一九八〇年金融法が成立した。

この一九八〇年金融法は、預金金利の自由化、利付き決済勘定の追認、貯蓄金融機関の資産運用の弾力化、という内容の規制緩和を実現したが、こうした規制緩和は預金金融機関内部の競争激化をもたらし、七九―八二年の高金利と不況の下での預金金融機関の危機を救うものとはならなかった。とくに、S&L

は過去の低金利時代に行われた住宅抵当貸付金利に対して預金金利が急上昇したため、利ざやの縮小・逆転という事態に直面した。そこで、規制緩和と共に（FDICとFSLICの権限拡大などによる）緊急救済機構の拡充が、一九八二年金融法によって図られることになった。

こうして、「規制と救済」の金融制度は、一九八〇年、八二年金融法により「規制緩和と救済拡充」の金融制度へと変革されたのである。「規制緩和と救済の拡充」の組み合わせは、当然「モラル・ハザード」を引き起こし、リスクの高い資金運用を助長することになった。その結果、一九八〇年代後半にS&Lと銀行の不良債権増加による倒産が急増したのであった。(2)

アメリカで始まった金融の規制緩和の流れは、金融のグローバリゼーションの進展の中で八〇年代以降に世界的に波及していった。その結果、日本の金融危機やアジアの通貨・金融危機に見られるように、金融制度の不安定化がもたらされている。

## 組織と制度による資本主義への対抗

これまで述べてきたことを踏まえて、二〇世紀を振り返ってみることにしよう。二〇世紀の第Ⅰ四半期には、最初の世界大戦が勃発すると共に、社会主義建設の壮大な実験が開始された。第Ⅱ四半期には、世界大恐慌が発生し、資本主義の制度的枠組みを大改革する実験が試みられる中で、二度目の世界大戦が勃発し、ドイツのナチス型改革が敗北した。第Ⅲ四半期には、ニューディール改革を継承したアメリカを中心に「二〇世紀資本主義」の黄金時代を支える諸制度が形成され、先進資本主義諸国を中心とする長期的な経済成長が実現された。第Ⅳ四半期には、一方で「二〇世紀資本主義」の黄金時代を支えてきた諸制度が崩壊し、世界経済が不安定化している。他方、この時期にはこれと同時にソ連型社会主義建設の壮大な歴史的実験が失敗のうちに終焉した。

我々が二一世紀に引き継いだものは、この社会主義という対抗勢力を失い、不安定化しつつある資本主義である。この不安定化した資本主義に対して、我々はどのような構想を提起できるであろうか。構想を提起する前提として、二一世紀初頭の資本主義がどのような問題点を抱えているのかを確認する必要がある。

第一に、これまで述べてきた「不安定性」の問題がある。現在の資本主義は、国際通貨の不安定性、金融の不安定性の渦中にある。日本経済はバブル崩壊の後遺症から未だ脱却できずにいるし、「ニューエコノミー」の下で繁栄を謳歌してきたアメリカ経済も、バブルの崩壊により世界不況発生の源泉となりつつある。[3]第二に、「不公正」の問題が存在する。二〇世紀第Ⅲ四半期には、資本主義の「不安定性」と「不公正」を是正するための諸制度が曲がりなりにも存在していた。こうした諸制度は、二〇世紀第Ⅳ四半期に入ると衰退した。その典型が「労使妥協体制」の崩壊であった。労使間の対等な交渉を可能にする労働組合の組織力が低下し、所得分配は不平等化した。

第三に、二一世紀社会の最重要課題として「資源・環境」問題が存在する。二〇世紀の資本主義は「資源」を浪費し「自然環境」を破壊すると共に、「人間的自然」をも汚染してきた。肉食の普及は穀物メジャーにとっては飼料としての市場拡大に繋がるので歓迎すべきことであったが、自動車の普及などによる運動不足と相まって成人病の増加を生み出すことになった。成人病の増加は薬品市場と医療サービス産業の拡大をもたらしＧＤＰの成長に貢献したが、薬漬け医療の蔓延は人間の物理的寿命を延ばしたかも知れないが、人間に健康をもたらしたわけではなかった。損なわれたのは肉体的な健康のみではなかった。商品経済の家庭への浸透や市場原理主義・利己主義の蔓延は、家族の絆をはじめとする市場経済を支えている社会のルールとモラルを破壊しつつある(4)。

第四に、「効率性」の問題が存在する。資本主義経済は資源の効率的な活用を実現できているわけではない。典型的な例は食糧問題である。アメリカ的な「豊かな大衆消費社会」の普及は、穀物の不効率な消費を定着させてしまった。この「大衆消費社会」が世界中に普及していけば、穀物不足の問題が発生するであろう。穀物を飼料とする動物を食べるという穀物の間接的な消費の仕方が、直接の消費に比べてはるかに不効率だからである。その結果、一方で豊かな人々が不効率な穀物消費を行い、他方で貧しい人々が食糧不足に苦しむという不公正な事態が発生している。

以上のような深刻な諸問題を抱える二一世紀の資本主義に対して、「市場」対「国家」という旧来の二項対立の構図を越えて、多元的な「組織と制度」によって対抗することを提起したい。第一の「国際通貨の不安定性」の問題に対しては、国家の枠組みを越えた「組織と制度」である地域的な通貨・経済統合の試みが有効であろう。ヨーロッパの実験に続いてアジアで通貨・経済統合を形成し、最終的には世界的な通貨・経済統合を形成することが、国際通貨の不安定性に対する有効な対策となり得るだろう。

第二の「不公正」の問題については、市場と国家の中間領域に存在する「組織と制度」によって対抗することが可能である。高度成長期の日本には「労使協調体制」という制度があり、「企業別労働組合」という組織がこの制度の一方の担い手であった。この組合組織は労働者の交渉力を高め、経済の安定化と公正化に一定の役割を果たしていたことは否定できない。しかし、この企業内組合組織は閉鎖性という限界を持っており、公害問題では企業の利益を守るという企業の論理に取り込まれてしまったし、最近の中高年のリストラに対しても労働者の権利を守る役割を果たし得ていない。リストラに対抗して労働者の交渉力を高めるためには、企業組織の枠組みを越えた企業横断的なネットワーク組織が求められている。

第三、第四の「資源・環境・食糧」問題に関して言えば、我々の生活の水準を下げるということではなく、資本主義的な文化に取り込まれた我々の生活の質を根本的に見直すという観点が必要である。ワークシェアリングによって労働時間＝所得が減少しても、余暇を有効に楽しむという生活スタイルを追求することも有効であろう。食文化については、最近、欧米では健康に良いという観点から伝統的な日本食文化が見直されており、ヨーロッパでは狂牛病の発生を契機に菜食が見直され始めている。(5)巨大なアグリビジネスに対抗する方法としては、消費者が安全な食品を扱う販売店を通じて生産者とネットワーク組織を形成するというやり方も有効であろう。(6)その他、介護労働を支えるボランティア切符制やLETSのような地域通貨システムの活用などを通じて、自己の利益と他者との協力を共存させる「組織と制度」の構築も重要であろう。(7)

以上のように、様々な問題点を抱える資本主義というシステムに対抗するためには、労働者、生産者、消費者、投資家、地域住民、地域経済など多様な場所での多元的な組織化、制度化が有効であろう。(8)

（1）詳しくは、柴田［一九九六］第六章第一節を参照せよ。
（2）柴田［一九九六］第六章第二節を参照せよ。
（3）この問題については、勝・高・柴田［二〇〇一］を参照せよ。

（4）資源・環境問題と社会の解体の危機については、馬場［一九九七］の結論部分の指摘が鋭い。
（5）狂牛病と食肉文化については、レヴィ＝ストロース［二〇〇一］の指摘が参考になる。
（6）筆者はこの形態を、「資本主義に対する対抗軸としての市場」と呼んだことがある。佐藤編［二〇〇一］二七頁。
（7）LETSについては、丸山真人［一九九九］を参照せよ。
（8）その際に、重要になる点は、新古典派の方法論的個人主義に対して、これまでの社会主義やコミュニタリアンが強調してきた共同体的原理を対置するというやり方には限界があるということである。個人は、一方で組織や制度に制約されるが、他方で組織や制度を形成していく自由を持っている。また、個人が所属する組織や制度は多様であり得る。これまでの共同体的原理の強調は、個人の自己決定権を制約する側面が強すぎたために、うまくいかなかったと考えられる。この点については、柴田［二〇〇一］を参照せよ。

### 参照文献


勝悦子・高英求・柴田徳太郎［二〇〇一］「米経済の失速とアジア経済」『世界』四月号
佐藤良一編［二〇〇一］「市場経済の神話——〈平等主義的〉市場の可能性——問題の所在を探る」Working Paper No. 95, 法政大学比較経済研究所
柴田徳太郎［一九九六］『大恐慌と現代資本主義』東洋経済新報社
柴田徳太郎［二〇〇一］「資本蓄積と制度進化」（杉浦克己・柴田徳太郎・丸山真人編『多元的経済社会の構想』日本評論社）
馬場宏二［一九九七］『新資本主義論——視角転換の経済学』名古屋大学出版会
C・レヴィ＝ストロース［二〇〇一］「狂牛病の教訓——人類が抱える肉食という病理」川田順造訳『中央公論』四月号
丸山真人［一九九九］「地域独自の通貨に発展性」『日本経済新聞』六月二一日

# 自由・平等・連帯の経済社会

富沢賢治

一九世紀は自由を、二〇世紀は平等を追求した。しかしながら、自由至上主義も平等至上主義もそれだけでは社会運営の原理としては不十分であることは、歴史の実証するところである。自由原理と平等原理の同時実現を図るためには連帯原理が不可欠である。自由と平等と連帯という三本足に支えられることによって社会はその安定性を確保できる。

二一世紀は、このような意味で、自由と平等と連帯のバランスのとれた社会運営を追求する世紀となろう。経済体制としては、自由原理にもとづく営利企業セクター、平等原理にもとづく公共セクター、連帯原理にもとづく民間非営利セクター、という三つのセクターのベストミックスを追求する混合経済体制が試される世紀となろう。

## 1 経済社会の歴史的変容

二一世紀の経済社会を構想するための素材は、過去の歴史と現実の社会のな

とみざわ・けんじ
1936年生まれ
聖学院大学政治経済学部教授・一橋大学名誉教授
専攻：経済学
『唯物史観と労働運動――マルクス・レーニンの「労働の社会化」論』ミネルヴァ書房，1974年
『労働と生活』世界書院，1987年
『社会的経済セクターの分析――民間非営利組織の理論と実践』岩波書店，1999年

かにある。人類史的に見ると、一九世紀は資本主義の形成・確立期であった。そこでは自由主義が時代を切り開く革新的な役割を果たした。しかし、自由競争の放任は弱肉強食を伴い、種々の社会問題を生み出していった。これらの社会問題を体制変革によって解決しようとしたのが、平等を原理とする社会主義運動であった。ロシア革命をはじめとする二〇世紀の多くの社会主義運動は平等を求める社会運動であった。しかしながら、自由を否定するかたちでの平等の追求は経済活動での活力を欠くゆえに失敗せざるをえなかった。それ故、世紀転換期の今日、再び自由主義が、新自由主義という形態で、世界の支配的なイデオロギーとなっている。

しかし、社会運動の側面では、種々の社会問題を解決するために、NPOやNGOなどの民間非営利組織が急増し社会的発言力を強化しつつあるという現実が見られる。

民間非営利組織はアメリカやイギリスでは政府の社会福祉活動を補完する機能、フランスでは貧困層の社会的排除の問題を解決する機能、スウェーデンでは多元主義を推進する機能が求められている。民間非営利組織はまた、ロシアや東欧などの旧社会主義諸国では「市民社会」を育成するものと期待され、発展途上国では「自立のための援助」を重視する新しい開発問題へのアプローチのための重要な触媒と見られるようになってきている(1)。

国連は二〇〇一年を「ボランティア国際年」として、各国政府に対して、ボランティア活動の認識を高め、ボランティア活動のネットワークをつくることなどを提言している。

民間非営利組織に対する政府の支援も多くの国で見られ始めている。ここでは、国境をなくして経済的な共同体をつくろうとしている点で今後の歴史的動向を先取りしていると見られるEU（欧州連合）の事例を見ておくことにしよう。

ＥＵ諸国では、地域社会に発生する様々な社会問題の解決を目指して、種々の民間非営利組織が提携しつつ、公共セクターとも営利企業セクターとも異なる民間非営利セクターを拡大強化しようとする運動が発展しつつある。そして、このような運動を背景にして、ＥＵも地域社会活性化政策の一環として民間非営利組織に対する支援を政策化している。政策対象とする民間非営利組織は「社会的経済」（social economy）の組織という名称で総括されている。[2]八九年にＥＣ委員会は第23総局内に社会的経済組織の振興を目的とする社会的経済部局を設置したが、その際の社会的経済組織についてのＥＣ委員会の基本的な認識はつぎのようであった。

(1) 定義。社会的経済の組織は、社会的目的をもった自立組織であり、連帯と一人一票制を基礎とするメンバー参加を基本的な原則としている。一般的に、これらの組織は協同組合、共済組合あるいはアソシエーション（ＮＰＯのヨーロッパ的呼称）という法的形態をとっている。

(2) 評価。これまでの歴史において社会的経済組織は社会変化に対する適応能力を示し先駆的役割を果たしてきた。たとえば、社会保険、年金などの相互扶助組織をつくり、今日の社会保障制度の基礎を築いた。社会的経済組織は、社会的目的をもち、連帯の力によって社会的評価の高いビジネスを生み出す能力をもっている。また、市民、生産者、消費者の多様なニーズに多様な仕方で応えることによって新しい市場を開拓しうる。アソシエーションは、公共的な活動への市民参加を促し、個人を守り、社会の基本的価値を維持するうえで重要な役割を果たしている。

(3) 政策。ＥＣは、他の形態の企業が利用できる援助措置（情報提供、財政援助、職業訓練への援助など）を社会的経済組織にも提供し、社会的経済組織がヨーロッパ統合市場から利益を得られるようにする。EC加盟国の国内法がそれを阻害する場合は、その改正に努める。

サラモンによれば、民間非営利組織が世界的な規模で増加している主要な原因として、①福祉国家の危機（高負担）、②開発をめぐる危機（南北格差）、③環境の危機（地球環境）、④社会主義の危機（計画経済の失敗）がある。さらに、情報技術の発展と教育レベルの上昇が、民間非営利組織の形成を容易にしている。(3)

民間非営利組織が今後も世界各地で増加していくとするならば、経済社会システムの問題としては、民間非営利組織の集合を一つの独立のセクターとして認識する必要が生じる。従来の経済学では、国内経済は、家計セクター、営利企業セクター、国家セクターという三つの基本的セクターから成るとされているが、二一世紀の経済社会は、民間非営利セクターを加えた四つのセクターから構成されるものとして分析されることが妥当性をもつこととなろう。

では、これらの四セクターは、相互にどのように関連して、全体としてどのような経済社会を形成するのであろうか。

## 2　四セクターの相互関連

四セクターの相互関連を示す図解としては、V・ペストフの図が参考になる。彼は、社会を構成する領域としてのコミュニティ（上記の文脈からすると「家計」に対応する）、国家（公共セクター）、市場（民間営利セクター）、第三セクター（民間非営利セクターは国際的には第三セクターと呼ばれている）を図

図１　福祉三角形における第３セクター

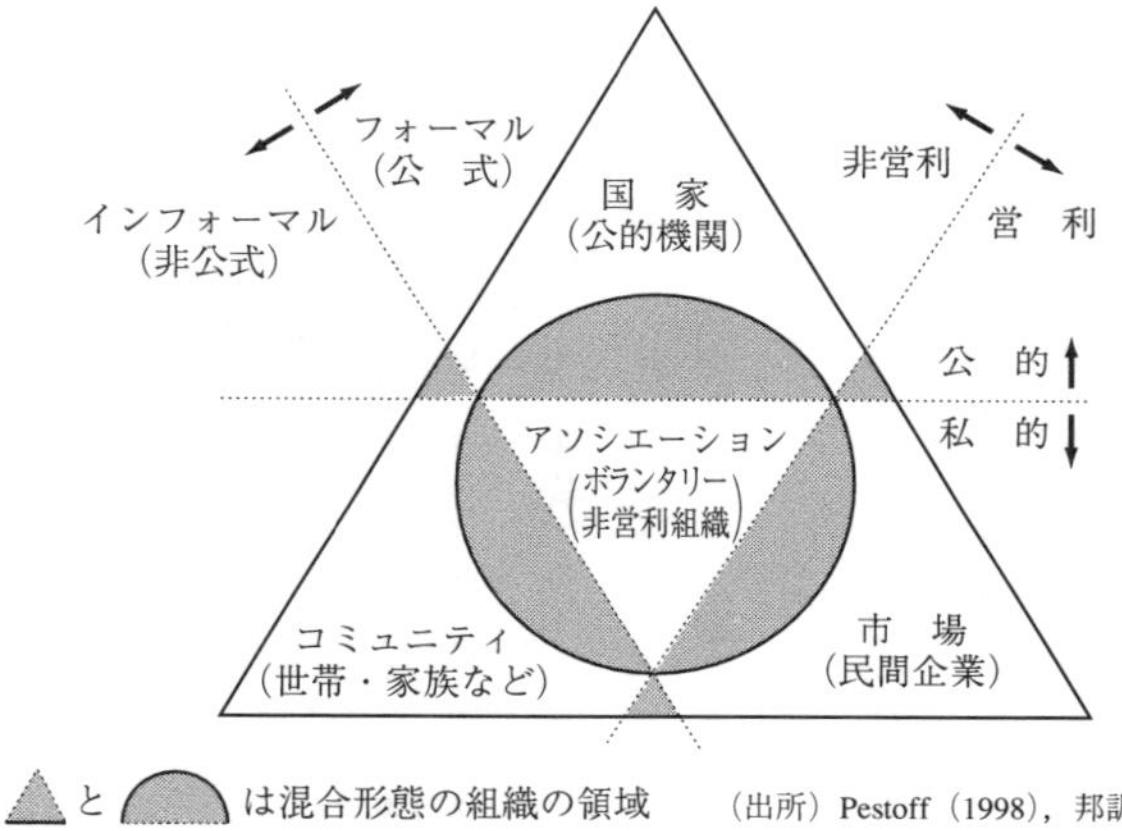


（出所）Pestoff（1998），邦訳，48頁。

図２　経済社会の構造

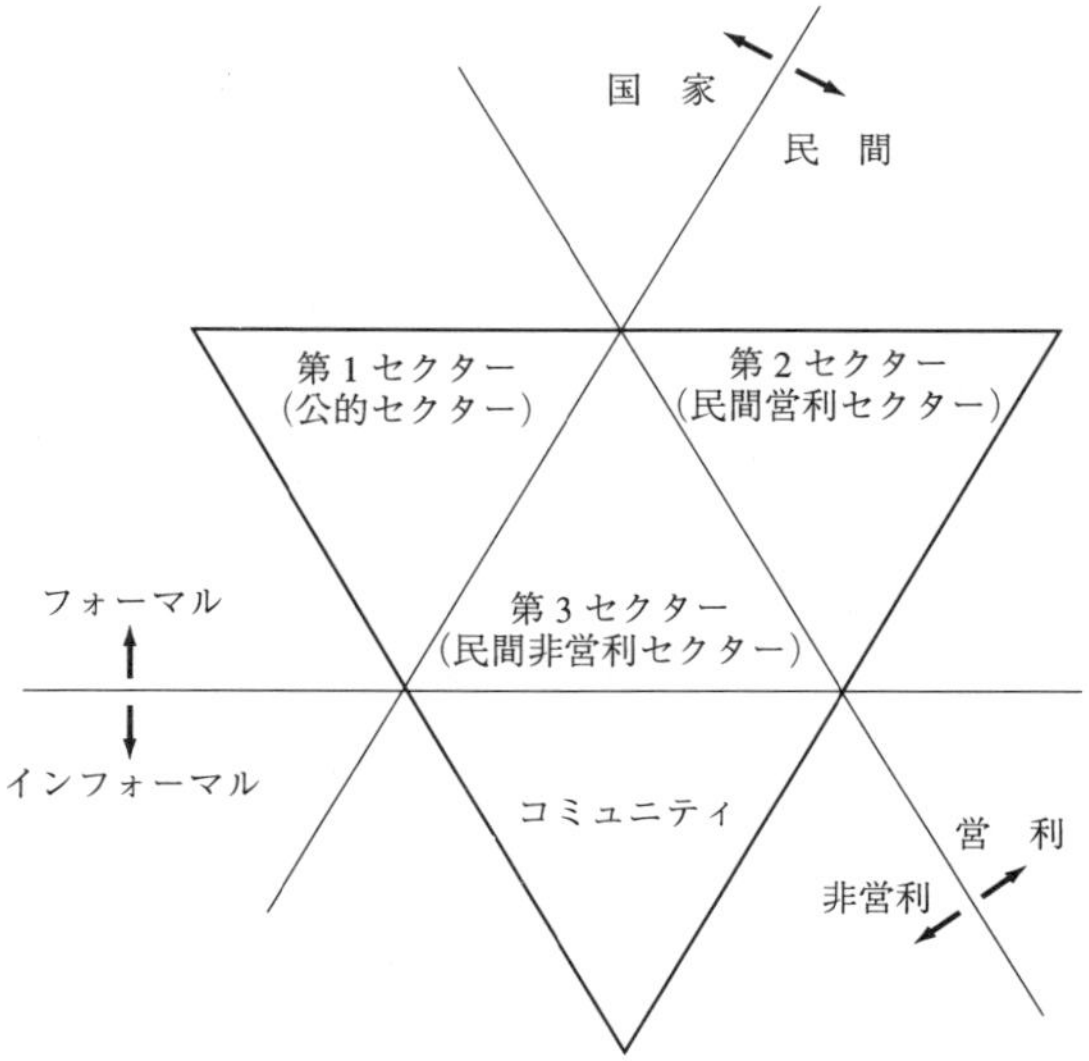

1のような三角形に表している。[4] そして、第三セクターを他の三領域を関係づける中心に位置づけ、第三セクターの媒介機能を重視し、コミュニティ、国家、市場、のそれぞれの欠陥を補うものとして第三セクターのリーダーシップが社会の諸領域の良好な混合システムをつくりだしていくと主張する。

以下では、本稿の文脈に対応するようにペストフの図を変更したうえで（図2参照）、私見を加えながら二一世紀の経済社会像を予測したい。

図1の大きな三角形を四つの社会領域に区分するための第一の境界線は、人間集団がフォーマルかインフォーマルかで社会領域を区分するものである。「フォーマルに組織されている」ということは、「たとえば、定期的な会合をもつ組織、幹部スタッフをもつ組織、手続き規定をもつ組織、法人格をもつ組織など、一定程度の継続性をもつ組織であること」である。[5]

第一の境界線が引かれることにより、コミュニティ（世帯・家族など）がインフォーマルな領域に属し、その他の社会組織がフォーマルな領域に属することになる。

図2がここで示していることは、コミュニティがすべてのフォーマルな組織の土台をなしているということである。あるいは、すべてのフォーマルな組織はコミュニティを母胎として発生しているということである。このような観点からすると、フォーマルな組織は、生活の場としてのコミュニティが抱える生活上の種々の問題を解決するために形成されたものと理解される。図2では、コミュニティを土台として、その上に三つのセクター（公的セクター、民間営利セクター、民間非営利セクター）が位置しているが、これはそれぞれのセクターが異なった仕方でコミュニティの維持のために活動しているということを示している。いわば機能別の分類によるものである。

経済社会の構造という観点からすれば、コミュニティは消費（生活）の領域であり、他の三つのセクターはすべて生産（生活のための財とサービスの供給）の領域であると理解されうる。生活のための財とサービスの供給の仕方が、それぞれのセクターで異なるために、セクターが三分類されている。

人類史という観点からすれば、すべてはコミュニティから始まる。原始社会においては、すべての機能がコミュニティに含まれていたが、やがて、財とサービスの提供の仕方が異なることから、三つのセクターが独立していったものと理解されうる。

インフォーマルな領域（コミュニティ）が相対的に縮小して、フォーマルな領域が拡大するのが、近代社会の特徴である。近代社会の特徴を端的にあらわすものとして「身分から契約へ」（H・J・メーン）、「ゲマインシャフトからゲゼルシャフトへ」（F・テンニース）（英訳は from community to society）という表現が用いられる。これは社会関係が個人の伝統的社会への帰属によって決定される社会から、自由な個人間の合意によって決定される社会への歴史的変化を示している。あるいは、コミュニティ、すなわち血縁・地縁関係による人の結びつきから、伝統的共同体から解放された自由な個人の自発的意志によるフォーマルな組織の形成という歴史的動向を示している。

第二の境界線は、「国家か民間か」で社会領域を区分するものである。この境界線を引くことによって国家の領域（第一セクター）が図示される。

第三の境界線は「営利か非営利か」で社会領域を区分するものである。この境界線を引くことによって民間営利組織の領域（第二セクター）と民間非営利組織の領域（第三セクター）が図示される。

さらに、コミュニティと第三セクターを合成すると一つの菱形が形成される。この菱形は生活領域としてのコミュニティと生活上のニーズの実現を図る社会組織の領域とから成るので、この観点から見ると広い意味での「生活領域」としてくることが可能である。

また、第一セクターと第三セクターを合成すると別の菱形が形成される。この菱形は公共領域そのものである第一セクターと市民社会レベルで公共的目的の実現を図る第三セクターとから成るので、この観点から見ると広い意味での「公共領域」としてくることが可能である。

さらに、この二つの菱形を重ねると、第三セクターは生活領域と公共領域が重なる領域としてあらわれる。すなわち、第三セクターは、コミュニティに根ざして、かつ公共的目的の実現を図る社会組織の集合体ということになる。(6) 公共性は本来的には社会構成員の一般的利益として存在し、社会の構成員が形成すべきものであるという見解からすれば、第一セクターを governmental な領域、第二セクターを private な領域、第三セクターを public な領域として特徴づけることも可能である。

## 3　二一世紀の経済社会

コミュニティと三つのセクターとの関連を人類史的観点から見ると、原始社会ではコミュニティが支配的な位置を占め、農業社会では第一セクター（権力機構）が支配的な位置を占め、工業社会では市場が拡大して第二セクター（民間営利セクター）が支配的な位置を占め、第三次産業と情報化が進展するポスト工業社会では第三セクターと市民社会が発展する可能性が生じる、ということになる。

そして、市民社会の発展は市民社会と国家との関連を変化させることになる。サラモンは非営利組織の世界的な急増現象をグローバルな規模での「結社革命」（associational revolution）の進行として把握し、その歴史的意義についてつぎのように述べている。「こうしたグローバルな第三セクターを形成する無数の自立的民間組織は、利益を株主や役員に配当することを目的とする利益組織とは異なる存在であり、国家の枠組みの外側で公共の目的を追求している。こうした組織が世界的に拡散していけば、国家と市民の関係が永続的に変化する可能性がある。[7]」さらに言うならば、これは結社革命による市民革命の実現をも示唆するものである。従来、市民革命は市民が政治権力の主体になるという政治革命として理解されることが多かったが、結社革命による市民革命は社会総体に係わる社会革命である。すなわち、政治権力を奪取することから始まる政治革命ではなく、市民社会における住民の連帯の力を基礎にして、社会の総体（経済、社会、政治、文化の各領域）において市民が主権者になっていく過程を重視する革命である。住民が主体的に組織する各種のアソシエーション（community-based associations）を基盤にして社会の基底から積み上げていく革命とも言えよう。

この市民革命の基本的理念はなにか。フランス革命以来、近代社会は自由、平等、友愛のバランスのとれた社会の実現を目指してきた。このような社会はまだ実現していない。二一世紀の人類はいぜんとしてこの理念の実現を追い求めるであろう。

では、自由、平等、友愛のバランスのとれた社会はどのようにして実現可能となるのであろうか。上記の三つのセクターの相互関連が問題を解く鍵となろう。

三つのセクターのそれぞれを支える基本的な理念はなにか。第一セクターは平等であり、第二セクターは自由であり、第三セクターは友愛あるいはその現代的概念である連帯だと言える。[8]

すでに述べたように、民間非営利組織は、近代的な市民社会において独立した個人を結びつけるうえで大きな役割を果たしうる。市民社会は伝統的共同体から自由になった個人としての市民が構成する社会であるが、共同体からの自由は一面では個人の孤立化を生じやすい。個人と全体社会をつなぐ役割を果たすのが中間集団であるが、種々の中間集団のうちでも個人の主体性をもっとも発揮しうる集団形態は自発的結社としての民間非営利組織であろう。民間非営利組織は市民社会における公共的活動を通じて諸個人を結びつけ、グラスルーツから公共性をつくることによって、市民社会内部における新たなコミュニティを形成する機能をもちうる。この意味で、第三セクターは連帯機能をもつ。

また、先の三角形で示したように、第三セクターは、経済社会に占めるその位置からして、社会問題の解決を目指して他の三つの社会領域（コミュニティと国家と市場）との連携をとりうる領域でもある。

このように、第三セクターは、内的にも外的にも、連帯することを基本的な理念としている。

すでに述べたように、一九世紀は自由を、二〇世紀は平等を追求した。しかしながら、自由至上主義も平等至上主義もそれだけでは社会運営の原理としては不十分であることは、歴史の実証するところである。自由原理と平等原理の同時実現を図るためには連帯原理が不可欠である。自由と平等と連帯という三本足に支えられることによって社会はその安定性を確保できるのである。

二一世紀は、このような意味で、自由と平等と連帯のバランスのとれた社会運営を追求する世紀となろう。経済体制としては、自由原理にもとづく営利企業セクター、平等原理にもとづく公共セクター、連帯原理にもとづく民間非営利セクター、という三つのセクターのベストミックスを追求する混合経済体制が試される世紀となろう。

自由な個人が平等な権利をもって連帯し協力しあえる社会、活発なコミュニケーション活動にもとづいて世界に向かって開かれた社会が目指されることになろう。

（1） Salamon, L. M. and H. K. Anheier (1994) *The Emerging Sector—An Overview*, Maryland: The Johns Hopkins University, p. 2；今田忠監訳『台頭する非営利セクター――一二ヵ国の規模・構成・制度・資金源の現状と展望』ダイヤモンド社、一九九六年、二―三頁、参照。本稿では同書の一九九六年版（*The Emerging Nonprofit Sector—An Overview*, Manchester and New York: Manchester University Press）をテキストとして用いた。

（2） 社会的経済の詳細については、富沢賢治（一九九九）『社会的経済セクターの分析――民間非営利組織の理論と実践』岩波書店、参照。本稿は主としてこの著書にもとづいている。

（3） Salamon, L. M. (1994), 'The Rise of the Nonprofit Sector', *Foreign Affairs*, Vol. 73, No. 4, pp. 115–118；L・M・サラモン「福祉国家の衰退と非営利団体の台頭」（『中央公論』一九九四年一〇月号、四〇六―四〇九頁）。

（4） Pestoff V. A. (1998) *Beyond the Market and State: Social Enterprises and Civil Democracy in a Welfare Society*, Aldershot: Ashgate, p. 42；藤田暁男ほか訳『福祉社会と市民民主主義――協同組合と社会的企業の役割』日本経済評論社、二〇〇〇年、四八頁、参照。

（5） Salamon and Anheier, op. cit., p. 13. 邦訳、二一頁。

（6） サラモンとアンハイアーによれば、第三セクターは「形態は民間であるが目的が公的である組織の集合」である（ibid., p. 2. 邦訳、三頁）。

（7） Salamon, op. cit., p. 109. 邦訳、四〇一頁、訳文は変更した。

（8） たとえば、フランスの辞書（*Le Robert méthodique*, 1986, p. 609）によると、「友愛」（フラテルニテ）は「人間家族の一員であると認め合う個人間のつながり」であり、この友愛の「発展した形態」として「連帯」（ソリダリテ）が挙げられている。

「連帯」の動態面は co-operation（協同あるいは協働）である。猪木武徳が述べているように、「中間的な（準）自発的組織による協力（co-operation）や団結（combination）の要素を含む現代の産業社会の本質」を見誤ってはならない（猪木武徳「市場経済と中間的な自発的組織」下河辺淳監修『ボランタリー経済学への招待』実業之日本社、二〇〇〇年、一〇五頁）。

友愛であれ連帯であれ、人と人とを結びつける基本的な動因は協働である。さらに、協働をプロセスとして把握すれば、それは労働の社会化を意味する。かくして、自由と平等の両立を図るためには、社会システムにおける労働の社会化のあり方が問題とされなくてはならないということになる。

# 持続可能な日本づくりのアジェンダの提案

藤岡 惇

正しく強く生きるということは
みんなが銀河全体を
めいめいとして感じることだ（宮沢賢治）

経済のない道徳は寝言である
しかし道徳のない経済は犯罪である（二宮尊徳）（1）

## はじめに――四大課題の解決をめざして

二一世紀の人類が解決を迫られている課題は多いが、核と戦争による人類の急激な大量死の危険を別とすると、死活的に重要な問題は次の四つだと思う。

その第一は、環境破壊による人類の緩慢な大量死を避けることである。たとえば人類は、二酸化炭素を炭素換算で年間六〇億トン排出しているが、気候を安定させようとすると二〇億トンのレベルまで下げなければならないという。

ふじおか・あつし
1947年生まれ
立命館大学経済学部教授
専攻：平和の経済学，アメリカ経済論
『アメリカ南部の変貌』青木書店，1985年
『サンベルト　米国南部』青木書店，1993年
『ゆとり社会の創造』（共著）昭和堂，1994年

ここ二〇―三〇年の間に二酸化炭素の排出量の三分の一化を達成しなければならない。ただし発展途上世界の絶対的な貧困と人口増を考えると、地球上で生みだす富の総量を二倍程度に増やすことが必要だろう。三分の一の化石エネルギーを用いて富の総量を二倍にするには、化石エネルギーあたりの富の生産性を六倍に引き上げる必要がある。ここ二〇―三〇年の間に、労働の生産性ではなく、エネルギーの生産性のほうを六倍に引き上げるエコ産業革命に成功できるかどうかに、人類の未来がかかっている。(2)

第二に自己増殖するマネーの魔力のコントロールである。他の万物は老朽化するが、マネーだけは永遠の生命を謳歌し増殖する。その増殖力はいかにすさまじいか。試みに二〇〇〇年前に五%の金利を条件に一円を投資したとしよう。そうすると一円は、今日では地球の重さの黄金の玉一三億個に姿を変えるという。しかし現実には、そのようなことは持続不可能であり、途中で、恐慌・反乱・戦争・徳政令が生じざるをえない。マネーの魔力の相続を制限しないかぎりは、持続可能な日本づくりは不可能となろう。またマネーはたえず貯めこまれ、消費不況を深刻にするであろう。(3)

第三に、マネー移動のグローバル化のなかで、労働・人権・環境基準の最底辺への切り下げ競争が激化し、世界では労働人口の三分の一にあたる一〇億人が失業ないし半失業状態になっている。日本も例外ではない。生活への不安が消費不況を激しくし、新たな紛争の火種となっている。彼らに働きがいのある仕事を保障したり、市民としての尊厳を保障する生存保障制度を整えないかぎり、不況の激化は避けられないであろう。

最後に、人間の人格とアイデンティティの危機である。人は、自らの力でつくりだしたモノ(労働生産物)については支配・所有できるし、商品化しても問題はない。しかし自らを生みだしてくれた命の根源、宇宙における命の流れを「支配」したり「所有」したりできるわけがない。しかし人間―自己中心主義の考えに染まった近代人たちは、大地（自然）を自己の所有物と考えたり、自己の生命と能力とを己れの私有財産と考える観念論に侵されてきた。その結果は、自然体としてのアイデンティティの喪失であり、精神病理の蔓延であった。「自分を中心にして宇宙が回っている」という天動説からのコペルニクス的転換、唯物論的な自然―人間中心主義にもとづいた新たな倫理の形成が求められる。(4)

これら四つの課題をトータルに解決していくには、どうしたらいいのか。いま世界のNGOがそのことを考えている。人間とは弱い者であり、道徳の説教だけでは、新しい社会を形成することはできない。「そうしたほうが得をする」というしくみ、いわば「徳が得になるような経済システム」を形成すること(5)が必要だということもNGOの共通了解になりつつある。世界各地の先進的動きを参考にしつつ、日本経済を素材にして改革のためのアジェンダ案を提起したい。

## 1　経済価値と倫理的価値の接近・融合のために

(1)　二一世紀を「環境＝命の世紀」にするために、新たな「労農同盟」を構築し、「小食健康法」にもとづき、大地・生命系・有機農業と結合した簡素で自発的な生活を創るための社会・文化運動を展開する。(6)

(2)　従来型の生産性の定義（労働の生産性）ではなく、もう一つの定義（資源の生産性）のほうを政策的に重視する方向で、国民合意を形成する。

(3)　市場内の経済活動のもたらす市場外への波及効果――社会的・政治的・文化的・エコロジー的コストと便益とをトータルに測定・評価する手法を開発するとともに、GDPに変わる「真の豊かさ指標」ないし「総合的進歩指標」を作成・公表し、これにもとづいて、企業・公的部門の政策と業績を総合的に評価できるしくみをつくる。

(4) ①人間がつくりだすモノ(労働生産物)、②人間をつくりだすもの(命の源)、③両者の中間領域(生命の維持・発達に直結する労働活動)を区別し、②に属する地球共有・伝承財(生物・遺伝子、大地・水資源・宇宙空間、再生不可能資源、血液・臓器・生殖行為、民族と地域のアイデンティティを育む言語や文化財、学術的科学情報)、③に属する食料、人間の発達を支援する対人ケアサービス・教育・文化活動などは、①と同一基準で私有・商品化・貿易の対象にはならないことを明確にする。

(5) 人間と地域生命系の発達課題に適合しているか否かという「適正技術」という新たな価値基準にもとづき、科学技術導入の事前評価・事後点検制度を確立する。

## 2 税制改革――税源の重心を資本・労働の果実から、人間をつくりだす命の源たる地球共有・伝承財の利用行為のほうに移し、「大自然の子」としての人類が、「自らを生みだす根源」への敬虔で節度ある態度を取り戻す方向に誘導する

(1) 消費税を廃止し、ぜいたく品を対象にした奢侈物品税のほかに、化石エネルギー(炭素税)・処女資源を対象にする環境(再生不可能資源利用)税を創設する。諸外国とも連携しつつ環境税の税率を毎年五%ずつ引き上げ、二〇年後には一〇〇%の税率を課すことをめざす(なお、国際競争力を衰えさせるという懸念への対策としては、環境税の国際的な導入をめざすが、過渡的には輸出にあたって水際で環境税を払い戻す。また、環境税の未導入の国からの輸入品に、水際で環境税を徴収する措置などを講ずる)。

(2) 固定資産税については地価（土地価格）税の性格を強める。[7] すなわち、建物への課税を低率にするとともに、一定面積以上の土地価格への税率については大幅に引き上げる。一〇〇年以上耐用の住宅建設については課税を免除するなど税制で支援する。

(3) 水道使用量一トンあたり二円程度の水源税を設け、その税源をもとに森林保全青年隊をつくり、国土の森林資源の保全に役立てる。

(4) 水資源・大地、再生不可能資源・エネルギーの価格については、大口消費者ほど割高になる価格逓増制の採用を検討する。

(5) 土地の売買益については、その大半を税金として徴収し、土地で金儲けできる余地を小さくする。土地の売買損については、公共部門に売却するばあい税法上の優遇措置を講じる。

(6) 市場競争における「機会の均等」を明確にするために相続税の累進税率を引き上げる。相続額の上限（たとえば一人五〇〇〇万円、ただし自営業の相続のばあいは特例を設ける）を定め、それ以上の相続財産はNPOに寄付するか、国庫に収納する。「一世代個人主義」の精神を明確化することで、蓄積された貯蓄が消費に回りやすいしくみをつくる。

(7) 広告税の創設、とくに大量生産・消費・廃棄の文化を称揚する宣伝についての税率を高める。

(8) 短期間の有価証券の売買にはキャピタル・ゲイン税を課す。

(9) 賃金にたいする課税免除の上限を引き上げる。また企業活動の利潤（投機を除く）への課税を軽減し、「持続可能な資源循環型経済」づくりをめざす自由で創意ある企業活動を奨励する。

## 3　人間の尊厳を支え、市民社会を強化するための社会保障制度

(1)　戸籍制度を廃止するとともに、日本住民（定住外国人もふくむ）にたいして、一定の市民的義務の遂行（たとえばボランティア活動や統治活動への参加など、予約もふくむ）を条件に市民的尊厳を支える最低生存保障＝「市民所得」保障制度を設ける。(8) 幼児もふくめて個人単位に年齢別に年間六〇―一〇〇万円を支給し、それ以外の社会保障制度は、高額医療保険、障害者手当、（地震）災害補償制度などを除いて原則として廃止する。財源は、環境税と地価税をあて、天の恵みは、個人の市民的自立の基盤形成のために用いることを明確にする。

(2)　福祉・教育・交通・環境保全などの公共サービスについては、国家としての整備・提供責任を明確にしつつ、①公共部門中心に運営し主として補助金でまかなう中核的パイロット的分野、②公営のほかに企業・NPOの自由な参入に委ね、一定率の公費助成を行う周辺的分野、③企業・NPOに委ね、公費助成を行わない境界的・実験的分野、に分けて対応する。いずれのばあいも、受給者によるコントロール体制を強化し、公共サービス提供の民主的効率化を図る。

## 4　労働時間の短縮による雇用の創出

(1)　①無償のサービス残業を禁止するとともに、②残業労働への割増賃金率を六〇％に引き上げることで企業の残業依存体質を改めさせ、新規雇用を促進する。①の措置で九〇万人の新規雇用、②の措置で一七〇万人の新規雇用を実現し、完全失業者の八〇％の吸収をめざす。

(2)　そのうえでオランダのようにフルタイマーとパートタイマーとの完全な同権を確立し、パート化を

推進して、雇用を増やす。(9) また人材派遣業は、労働組合などの非営利団体に制限し、人材派遣業から出発したという歴史的原点をふまえた労働組合の発展を支援する。

## 5 資源循環型・人間発達支援型の地域づくり・仕事おこしを促進する

(1) 家電リサイクル法を拡充し、大型消費財の回収・解体・リサイクルの費用と責任をメーカーが負うしくみをつくる。

(2) 人間発達と地域自立を促進する適正技術を振興する。とくに「風車」協同組合、生物の世界に習うゼロエミッションの産業クラスターづくりなどの「エコ産業革命」を促進する。

(3) 市民セクター、NPO、労働者協同組合などによるコミュニティ再生のための仕事おこし、公共部門への参入を支援するために、法的整備を行うとともに、寄付金の税額控除、公費助成制度を拡充する。

(4) 以下の諸分野において公共部門による雇用を促進する。

①二五人学級制度、②地域に遊びのクラブと指導者の設置、③「良心的兵役拒否国家」としての平和創出のための代替奉仕として、自衛隊の一部を災害救助隊に転換するとともに、自衛隊予算をくみかえて、数万人規模の青年国際災害救助隊・人道支援隊を創設し、海外に派遣する。

(5) 財貨の輸送運賃にくらべて人間の輸送運賃が割高になっている現状を改め、人と情報・文化の流通を相対的に安くし、物の流通を相対的に高くする交通政策を導入する。

(6) 無秩序なスプロール化を抑制しつつ、農村と都市とを一体にした資源循環社会をつくる。また職住近接を促進するとともに徒歩と自転車の移動(半径二キロ)で基本ニーズが満たせる地域づくりにつとめる。地域住民に密着した農業や地場産業、商店街のもつ社会的便益を評価するしくみをつくり、その保存と発展をはかる。コンビニなどの夜間営業時間の短縮につとめ、自動販売機の設置場所と台数を制限するなど、エネルギー浪費の少ない地域づくりを進める。

## 6　賃金・人権・環境水準の最底辺への競争を抑える国際的しくみの開発

(1)　①人間がつくりだすモノ（労働生産物）、②人間をつくりだすもの（命の源）、③両者の中間領域（生命の維持・発達に直結する労働活動）を区別し、②③については、①と同一基準では、自由貿易の対象にはならないという新しい貿易ルールをつくる。

(2)　進んだ賃金・人権・環境基準を設定した国が不利にならない関税調整制度をつくる。世界的な地球市民ミニマムの人権・環境基準の年次改善計画を設定し、これに見あった途上国の保護政策を承認する。

(3)　人間と財貨の国際輸送運賃については重量あたり同額を原則にし、物流よりも、人の移動、文化・情報・運動の交流のほうを促進するようにする。

(4)　ＩＭＦ、ＷＢ、ＷＴＯの廃止、国連のもとでの民主的な新制度の創設。

(5)　脱税マネーの温床となっているタックスへイブンの一斉閉鎖にふみきる。

(6)　世界中どこからでも、ごく安価な費用でインターネットにアクセスできる世界情報基盤をつくる。

## 7　軍事力・経済要素の国際移動にたいするグローバル・ガバナンスの強化

(1)　①国際交通機関の燃料（バンカー油）にたいして炭素税ないし環境税をかける、②為替取引に○・

五％を課税するトービン税の国際的創設、③武器貿易の禁止をめざし、当面は武器貿易には重税を課する、④宇宙への兵器と核物質配備を禁止するとともに、軍事偵察と諜報目的の宇宙利用、宇宙（の電波）空間の商業利用に課税する。

(2) 以上の財源を国連強化に役立てるとともに、国連のグローバル・ガバナンス機能を強化し、地球規模での格差是正、所得の再配分に役立てる。

(3) 米国などの特許重視の知的財産権戦略の発動に制限をくわえ、地球公共財としての科学技術情報の流通の自由を促進する措置をとる。

(4) 世界人口の安定化につとめるとともに、難民・外国人労働者の公正で秩序ある受け入れを促進する。長期ないし永住外国人については市民的権利を認める。

## 8　企業・株式会社の改革

(1) 法人は自然人と異なり政治活動の主体でないことを明確にし、企業の政治活動・政治献金を禁止する。

(2) 遺伝子、水資源、臓器、生殖行為など、人間を生みだすものは私有と企業活動の対象にはならないことを企業定款に明記させ、命と人間の尊重、地域社会への奉仕を義務づける。

(3) 営利企業にたいしては、社会資本基盤の利用料として、一定額の法人住民税を課税するが、法人所得税の税率は軽減する。また地域に根ざす選択をした企業には、法人税を支払うかわりに、地方政府に一定率の株を譲渡させるという方式を検討する[10]。

(4) 米国の内部告発者保護法（whisle blower Act）にならい、企業・行政の不正行為を内部告発する関係者を保護・奨励する制度をつくる。

## 9 貨幣・金融制度の改革

(1) 貨幣の交換手段の役割を重視し、利殖手段の側面が一人歩きしないように規制をくわえる。預貸率を制限し、銀行の信用創造機能を膨張させない。

(2) 貨幣が地域循環するしくみの開発を支援するとともに、地域通貨、国家通貨、国際通貨の三種類の通貨の多元的に共存する通貨システムをつくる。

## 10 国家の民主化とアジアとの和解──日本史上初の「国民（市民）国家」をつくる

(1) 米国の一九九六年電子情報公開法にならい、政府情報はインターネット上で徹底的に公開させる。

(2) 「宇宙─情報覇権国家」米国の覇権主義に反対し、安保体制から離脱し、非同盟中立の「良心的兵役拒否国家」の道にふみだす。

(3) かつての天皇制国家の犯した侵略戦争責任を認め、戦争犠牲者の個人補償を行う。

(4) 欧州連合の先例に学び、APT諸国（アセアン・プラス日本・中国・韓国）のあいだで共通の通貨・金融同盟を結び、紛争・戦争の起こりにくい「内臓のつながったような東アジア経済圏」をつくる。

## おわりに

見られるように、このアジェンダ案は、反市場主義・反企業主義の立場には立っていないし、公共部門の存在意義と責任を不問にする反国家主義の立場もとっていない。むしろ、市場、国家、市民社会に委ねるべき三つの領域を見すえつつ、個人が、自らを生みだしてくれた命の根源（大自然と社会のなかの命の流れ）に向きあい、「エコロジカルな自覚をもつ二一世代シングル」に成長していくためには何が必要か(11)、その経済的基盤を整えようとした。ミヒャエル・エンデの作品世界を借りるならば、無数のモモたちを生みだすための経済改革案だといってよい。

むかし、世界の諸民族は、収穫の秋には、自らの勤労の成果を、母なる大地・大自然に捧げ、献上する感謝祭を行った。そしてそのお供え物は、まつりごとの後には共同体成員にできるだけ公正に分かちあってきた。このしきたりの伝統を、二一世紀に創造的に復活させる試みだといってもよい。持続可能な社会を形成するための討論の素材となれば、幸いである。

（1）内山節『市場経済を組み替える』農文協、一九九九年、二一一頁より。
（2）シュミット・ブレーク（佐々木建訳）『ファクター10』シュプリンガー東京、一九九七年。
（3）河村厚徳ほか『エンデの遺言』ＮＨＫ出版、二〇〇〇年、六四頁。
（4）藤岡惇「エゴからエコへ」（『経済科学通信』第九三号、二〇〇〇年四月）参照。
（5）たとえば、デビッド・コーテン（西川潤訳）『グローバリズムという怪物』シュプリンガー東京、一九九七年、ジェームズ・ロバートソン（石見尚ほか訳）『二一世紀の経済システム展望』日本経済評論社、一九九九年、などを参照。

(6)「簡素で自発的な生活運動」を提唱するジュリエット・ショア（森岡孝二ほか訳）『浪費するアメリカ人』岩波書店、二〇〇〇年、を参照。

(7) 税源を土地と自然資源の利用に移そうとする地価税推進国際協会の活動については、http://www.interunion.org.uk/ や http://www.schalkenbach.org/ などを参照。

(8) 市民所得については、小沢修司「アンチ福祉国家の租税＝社会保障政策論」（京都府立大学福祉社会研究会『福祉社会研究』第一号、二〇〇〇年六月）参照。

(9) 長坂寿久『オランダモデル』日本経済新聞社、二〇〇〇年。

(10) この点、シューマッハー（小島慶三ほか訳）『スモール　イズ　ビューティフル——人間中心の経済学』講談社学術文庫、三七一頁を参照。

(11) 伊田広行「スピリチュアル・シングル」（『大阪経済大学論集』第五〇巻第三号、一九九九年）。

# 二〇世紀から二一世紀へ

八木紀一郎

一九世紀が終わって二〇世紀に入った時、日本では福沢諭吉流の個人主義にとってかわるように帝国主義と社会主義の問題が前面にあらわれた。二〇世紀から二一世紀への転換は、成長主義＝開発主義が終わり、「ボイスをもった市民社会」が実現することで特徴づけられるであろう。しかし、成長主義＝開発主義の終焉は、資産あるいは既に達成した状態の不平等を拡大し、またボイスの多様化と増大が社会的な混乱を生む可能性がある。そこで、二〇世紀において提起された、帝国主義と社会主義の問題を受け継ぐ形で「公平性」の原理を社会と経済の内部に据える必要があるだろう。そのためには、①共感的な相互理解を実現するための条件を整えることと、②レントの基礎となる希少資源のうちの共有可能なもの（知識）の公開と共有化を、投機的な競争とは別の形で実現することによって、「市民社会」の経済的内実を確立するべきである。

やぎ・きいちろう
1947年生まれ
京都大学大学院経済学研究科教授
専攻：社会経済学，経済学史
『近代日本の社会経済学』筑摩書房，1999年
『経済思想』日経文庫，1993年
『オーストリア経済思想史研究』名古屋大学出版会，1988年

## 回顧

一〇〇年前を考えてみよう。当時の大方の日本人にとっては、時代を区画づけるのは、西暦で数えた世紀などではなかった。二〇世紀を迎えた一九〇一年ではなく、その一〇年後の、明治の御世が終わった年こそが特別の感慨を催す年であったことは間違いない。しかし、日本の一九世紀もまた、少なくともその後半期の知的世界についていえば、それとともにこの世を去った一人の権威をもっていた。福沢諭吉がその人である。また、世紀が変わるやいなや、極めて鋭利な時代感覚をもった思想家、幸徳秋水が「二十世紀」を冠した著作を刊行した。幸徳は福沢が意図的にそれを論じることを避けた二つの問題を議論の俎上に上せた。『廿世紀之怪物帝国主義』（一九〇一年）における帝国主義の問題、『社会主義神髄』（一九〇三年）における社会主義の問題がそれである。福沢は社会主義も帝国主義も当時の日本にとっては時期尚早であるとして論じることとすらしなかったが、現実には彼の個人主義は社会主義を拒否するような性質のものであり、また彼の奨励する競争は国際関係においては帝国主義を容認するものであった。それに対して幸徳は、社会主義と帝国主義を現時の問題としてすえ、前者を擁護し、後者を批判した。したがって、福沢が没して幸徳の著作が世にあらわれたときに、近代日本の知的世界における二〇世紀がはじまったといえるであろう。

幸徳は明治国家によってその生命を奪われたが、その後しばらくして始まった大正デモクラシーも幸徳の提起した問題を解くことはなかった。その後、十数年にわたる戦争の時代のあと、半世紀にわたる「戦後民主主義」の時代が続いて現在にいたっている。このように回顧すると、現在の時点で私たちが自問しなければならないことは、「二〇世紀の日本は帝国主義と社会主義の問題を解決したのか、それともそれらを二一世紀にもちこしたのか?」ということであるように思われる。

## 終わったものと新しいもの

上記二つの問題が解決されたとみるにせよ、もちこされたとみるにせよ、私たちは、現在の時点で何が終わり、何が新しい問題になっているのかについて、かつての幸徳以上に鋭敏な感覚をもたなければならない。私は終わったもの、あるいは終わりつつあるものを、成長主義、あるいは開発主義という概念でとらえる。私はこの用語で、経済の数量的拡大とそのもたらす力の獲得をめざして、人間・社会・自然の資源が、意識的あるいは無意識的に、自発的にあるいは非自発的に、動員されること、またそれを当然のことと思う社会の意識や制度のことを指す。これが終わったこと、あるいは終わりつつあることを指摘するのが重要なのは、二〇世紀における帝国主義と社会主義は、背後におけるこの成長主義=開発主義と何らかの形でむすびつき、それによって力を与えられて具体的な社会的・政治的形態をとったと考えられるからである。

もちろん、帝国主義の成長主義=開発主義との結びつき方と、社会主義のそれとの関係は大いに異なる。帝国主義は、単純にいえば、成長主義=開発主義の国際部面にまで及ぶ外延的拡大であるのに対して、社会主義の成長主義=開発主義との結合は必ずしも必然的であるとはいえないからである。しかし、社会主義は人間の意識的な結合についての思想であるため、それと結びついた成長主義=開発主義は、市場経済を介する結合以上に、より直接的でもありまた深くもある人間的資源の動員と結びつきやすい。とくに、国家や政党、あるいは大企業のような組織体を、社会を代理する存在と認める場合には、そうした傾向が生まれる。社会主義の理想がすでに実現されたと思う人がほとんどいないのに、思想としての社会主義が魅力をなくしてしまったのは、それが成長主義＝開発主義にからめとられてしまったという歴史的現実があるからだと私は思う。ロシア革命以降のソ連邦を先頭にした社会主義諸国の大半は、指令的計画経済という特質をもった強制的工業化の体制であったが、これは、社会主義と成長主義＝開発主義が直接に結びついた経済体制であろう。日本では、民間大企業を中心にして会社への無限定な忠誠＝サービスを雇用および所得の保障と交換するという隠微な社会主義＝「会社主義」が成立した。その基礎も、成長主義＝開発主義が可能であり、また現実的であったことによるだろう。といっても、成長主義＝開発主義という表現を、独裁的あるいは抑圧的とのみ捉える必要はない。一九世紀後半においては、封建的束縛から解放された福沢の個人主義自体が、成長主義＝開発主義と相互に支えあうものであったのである。

しかし、成長主義＝開発主義が発展する社会の正常な姿であるかというとそういうわけではあるまい。まず客観的には、成長＝開発が可能なのは、資源的制約にさえぎられない限りにおいてである。二一世紀のいくつかの長期シミュレーションは、その制約を様々な形で描いているが、西欧や日本などの先進工業諸国では、すでにそれに先立って人口の自然減がはじまっている。しかし、人口の自然減や高齢化が開始されたとしても、それが直接に社会的資源の減少を意味するのではない。経済的に動員可能な資源フロー（若年労働力など）が減少しても、社会的資源（高齢者）や知識・技術・資本といった資源的ストックを維持することは可能だからである。社会的ストックが豊富な社会では、経済に社会あるいは個人（人間的資源）が動員されるのではなく、反対に、社会あるいは個人がその生存と発展のために経済を利用（主体性をもった経済参加は「動員」ではない）するようになる可能性が生まれるであろう。こうした将来の可能性は、数量的には低発展状態の経済の場合でも、安定して満足度の高い状態がありうるのと同様に、成長主義＝開発主義はそれと結びついた主観的条件を必要とすることを示唆するだろう。

次に、二一世紀における新しい要素は何であろうか。私は、それを「ボイスを持った市民社会」であると思う。「市民社会」というと、それこそ、後退りに一八世紀まで戻るように思われるが、つい一〇年前に、東欧の集権型社会主義の基礎を掘り崩したものは権力をもたない市民的反体制派のボイスの集積であったことを忘れることはできない。「市民社会」の語は、東欧の知識人だけでなく、政府や営利企業の活動だけではコミュニティの発展を保障できないと考えるにいたった開発論者の用語にもなった。さらに、画一的な行政ではなく住民のイニシアティヴを待望する先進諸国の行政官たちの用語にもなった。日本でも、経団連は企業に「良き企業市民」としてのガイドラインを与え、若手の地方企業者が中心になったJC（青年会議所）は、地域における「市民社会」の創造を標榜している。最近は、さらにNPOやボランティアの活動が「市民社会」に合流した。互いに合意なく「市民社会」のことばがつかわれているありさまをパロディにすればこうなる――「世界を妖怪が徘徊している。『市民社会』という妖怪が。」

復活した「市民社会」概念の特徴は、それが市場と国家の双方から独立した、自発的行動と発言の圏域であるということである。かつての「市民社会」論においても、行動と発言はなかったわけではないが、それらは特殊利害にもとづいたものに過ぎず、何らかの機構を通じて抽象化されなければ公共的なものになりえなかった。政治の領域でいえば、平和的な場合には、政党活動や、選挙を通じた議会への代表的参加（間接民主制）がそうした機構であるが、非平和的な場合には抽象化された暴力による闘争＝「市民戦争」（内乱）がそのような回路である。青年マルクスの見方では、「市民社会」における人間は、利己的経済人と抽象的公民に引き裂かれた存在であった。しかし、権力を背後に置いて普遍的な妥当性を主張する法や、あるいは独占的な正当性を主張する権力の行政的措置だけが変革をもたらす要因ではない。個人の要求が非政治的な次元にとどまる場合でも、そこに当事者の置き換え可能性、普遍化可能性が認められるかぎりは、反射的な効果をもちうる。さらに、個人はそのような普遍化可能性を意識的に追求して、自分の見解をボイスとして形成することができる。過去においては、言論やジャーナリズムが、市民社会のボイス機能を果たしていた。普通の市民も、読者として特定の言説を支えることによって、あるいは投書欄への投稿者として間接にそれにコミットしていた。しかし、現在では、以下のような変化によって、そうした代行主義にとどまらないボイス形成がみられる。

第一に、とくにインターネットの普及によって個人はジャーナリズムを介することなしに一般社会にボイスを発信することができるようになった。第二には、これまでは単なる趣味や利害にもとづく私的結合として周辺的な存在としかみなされていなかった各種の自発的集団（アソシエーション）が、ボイスの形成と実行のための組織として認知されるようになった。かつては変革のための「市民運動」として語られていたものが、社会のなかに日常化された。第三に、ボイスを発しうる市民の層が明らかに拡大した。労働生産性の上昇は、社会的な余裕時間を大幅に増加させたが、それは教育の普及と知的水準の上昇、平等感覚の定着とあいまって、ボイスの大衆化とでもいうべき状況をつくりだしている。最後に、企業も行政も、上記のような事態とともに（先導した部分もないではないが、全体としては少し遅れながら）、成長主義＝開発主義のスタイルから脱して、市民のボイスに感応的になってきている。

## 問題の変容

それでは、成長主義＝開発主義が終焉し、ボイスをもった市民社会が登場するなかで、社会主義と帝国主義の問題はどのように変容しているのであろうか、またそれに対してどのような方向で新しい解決をさぐるべきなのであろうか。成長主義＝開発主義の終焉は、経済的な拡張衝動を抑え、資源の動員現象を後退させるであろうから、営利企業や雇用関係は存続するとしても、極端な搾取や侵略的な支配の拡張は減退すると予想したいところである。しかし、数年のゼロ成長がすでに多数のホームレスを生み出しているように、資産の不平等は顕在化するだろうし、それぞれの個人や集団が既に達成している消費水準を守るための闘争が熾烈化するかもしれない。成長主義＝開発主義は豊かな未来を約束することによって現在における搾取と支配を承認させたが、ポスト成長＝開発主義の社会は、そのような現世的な阿片をもちあわせていない。これは、かつての社会主義者の不平等批判がなお社会的意味をもつ可能性を示す。このような資産と既達成水準における不平等を国際関係に置き直すと、今度は帝国主義批判の基礎になった構造的な不平等状態が登場する。地球的規模での環境問題にあらわれたように、発展途上国は成長主義＝開発主義になお固執し、先進国は既存の資源消費水準を維持しようとして互いに攻撃しあうという構図は容易に登場しうるだろう。

「ボイスをもった市民社会」は、このような不平等をめぐる対立を激化させる可能性がある。個々人の要求・主張が、政治機構やメディアの媒介によって、抽象化・数量化、あるいは正統化の過程を経ずに直接表出されることは、これまでの政治的解決のルールを脅かす。第一には、既存の問題意識の枠組みを超えた要求・主張が登場して、解決の選択肢どころか解決に至るルール自体がそれに対応し得ない場合があるだろう。第二には、従来の常道であった権限を（公式・非公式に）集中した代理者による取引や妥協が、監視や批判にさらされることによって、困難になるからである。しかし、すべてが既存の枠組みの中でルールにのっとって解決される政治は新しい変化には対応し得ないし、またすべてを当事者と調整者の間で閉鎖的に処理する手法は、普遍性と透明性という点で問題を残す。したがって、上記の二つの困難は、政治的意思決定の新しいスタイルを創出することによって積極的に受け入れていかなければならない課題である。

## 不平等と公平原理

二〇世紀における社会主義や帝国主義の問題の基礎にあった不平等問題は、二一世紀にももちこされているが、その解決原理を「平等主義」に求めることはできるだろうか。解決の目標を、結果として生じた状態における「平等」に求めることは、各人が自分自身の活動の成果を得るという個人主義の基本原理を否定することになるので、私は賛同できない。多くの人もそうであろう。また出発点における平等についても、出発点における各人の状態・能力の具体的差異が各人の個性の基礎であり、また分業や協業の基礎であることを考えるなら、やはり慎重にならざるをえない。そのように考えると、「平等」それ自体よりも、「不平等」の悪とは何であり、また「平等」により保障されるはずの善とは何かが問題である。私は、「平等主義者」の動機が個人的感情にとどまるものでないとすれば、社会が上下関係をもった集団に分裂するのを避けること、あるいは決定過程から実質的に排除された社会成員をつくらないことがその動機であると推測する。

私はこのような動機は、必ずしも画一的な平等主義と結びつく必然性はなく、むしろ互いの相互理解にもとづく「公平性」と結びつくのが自然であると思う。ジョン・ロールズ（John B. Rawls）は、自分がどのような状態の人間として生まれるかがまだ分からないという「無知のベール」につつまれた状態を仮に考えることによって、もっとも不利な状態の人の改善を優先するという「正義」の倫理を導出したが、それぞれの状況に自分があったとしたらどう判断するかを考えることは、通常の状態でもある程度は可能である。もちろん、共感的な理解の深さや、その上での判断は、理解をする人の知識や価値観によって左右される。しかし、それは学習とコミュニケーションによっても変わりうる柔軟性をもっている。

他方、他人の状況へのこうした洞察は、私たちの経済生活のなかにも根付いている。たとえば「取引」をする際に、私たちは新古典派の経済学者が考えるように自分の効用最大化だけを考えて行動しているわけではない。取引行動についての心理学的な実験が明らかにしているように、私たちは相手が得る利得をも考慮して、何らかの公平性をはかりながら自分の利得をはかることが通例である。それが、相手が立腹すると予想したために過ぎない場合でも、この状況では相手が怒るであろうと洞察することは、一種の共感的な理解を前提にしている。これは純粋な価格機構のモデルでは見失われることである。

「公平性」の原理の基礎にあるものは、自分が相手の立場に立つことがありうる、あるいは立つことを想定しうるということであり、これは相手と自分を仮想的な（人類）社会の同等な成員として承認するということである。それは初発には、自分の限られた経験と知識、自分自身の価値観をもとにした理解と承認であるから、それにとどまるかぎり独善的な想定であるとして批判を受けるかもしれない。とくに、人間の判断や評価のなかには、自分の価値観に合わない存在を考察の視野から排除する性向が潜んでいるし、また多くの政治システムがそうした何らかの排除を制度化していることも留意すべきであろう。(たとえば、最近急増したホームレス(路上生活者)はこれまでは「住民」とはみなされず、排除されない場合でも、見て見ぬふりをされるような存在であった。)しかし、こうした性向や制度への批判もまた、人々の視野の拡大と深化によって実現されるのである。理解が深まれば、相手の論理や価値観も理解の対象となり、相手への共感がより柔軟なものになる可能性は否定できない。したがって、こうした共感にもとづいて動き出す公平原理を、はじめから拒絶する必要はないと思われる。

問題は「公平性」の原理をどの程度内在化できるかということである。「公平性」の原理は、Aという職種であれば年収が二千万円になるが、Bという職種であれば五百万円にとどまるという場合でも、その収入がそれぞれの職種に就く人の活動に対して他の人々が任意に支払う報酬の集積である限りでは、それを認めるであろう。公共の経費のための課税というような部分的な負担がその所得に課されることはあっても、もとの所得が個人に帰属する所得であるとみなされていることには変わりない。しかし、この所得の差異が公務員の俸給表のように何らかの取り決めによってなされている場合には、その職種の社会的な重要性、職務の要求する能力・適性、他の類似職種での所得水準などを考慮した上で是認できるかどうかが問題とされるであろう。あるいは、二千万円と五百万円という所得の差異が個人的活動への報酬とみなされる場合でも、二つの職種に就く可能性に著しい差異がある場合には、その差異が是認できる種類・程度のものなのかどうかが吟味されることであろう。高所得職種には、すでに高所得を得ている家庭で育ったものしか実質的に就くことができないとすれば、それは是認できる差異ではなくなる。それらを適性の頻度のばらつきの範囲に収めるための何らかの是正措置が必要とされるであろう。

しかし、ある程度そうした是認・否認の判断を社会的におこなうことのできる領域をこえた場合はどうであろうか。たとえば、いま仮に消費水準の差異が福祉水準の差異に反映するとして、一人当り国民所得が二万ドルをこえる国に生まれた平均的な消費水準とそれが五〇〇ドル以下の国の平均的な消費水準に明らかな差異があることは「公平」なのであろうか。二一世紀において国民国家は絶対的な枠組みではなくなるとすれば、このことは当然考えられねばならない。私は、それが「公平」ではないと判断されることは十分ありうると思う。しかし、その是正は、両社会の消費水準（福祉水準）を機械的に均等にすること（平等主義）によってではなく、異なる状態から出発する二つの社会ごとに、一定期間（たとえば一世代）でそれぞれ達成可能な程度に限定されるものであると思う。

こうした出発点における差異を考える際に示唆的なのは、ジョン・ロェーマー（John. E. Roemer）が搾取論の分析において想定しているような、各人の個人的能力も含めた初期条件の再配分である。

初期条件の差異のなかに、知識・技術・教育といったような共同使用可能な資源の偏りが含まれているかもしれないからである。初期条件における差異のなかに知識のような共同使用可能なものを探し出し、それを共同化する措置をとるとすれば、出発点における相違は固定的なものといえなくなるであろう。そうした要素がありながら、それを固定的なものとすることは、意図的にせよ非意図的にせよ、資源の独占的配分を守ろうとしていることである。その場合、高所得はレント的な性格をもつことになり、そこにはレント取得者と非取得者という「不平等」がある。しかし、こうした差異が、意図的なものでないかぎりは、レントの没収とその再配分という措置よりは、レント発生の基礎になる独占を資源（知識）の共有化によって打破することの方が穏当であろう。

## 市民的経済は可能か?

「平等主義」にかわる「公平性」原理の内在化についての上記の考察からは、二つの方向性が引き出された。第一には、「公平性」にもとづいた判断あるいはその基準が生まれるためには、相手の立場の共感的理解、あるいはその不可能性にもとづく各人の評価のやりとりが活発におこなわれることが必要だということであり、第二には、出発点における差異も固定化することなく、その内部にはらまれている共有化可能な資源(知識)を共有化することが要求されるだろうということである。私は、この二つのことをおこなうものが「ボイスをもつ市民社会」であると思う。

一九九〇年代以降にあらわれた市民社会論は、経済領域を捨象した政治学者の市民社会論が多かった。開発論者が市民社会をいう場合には、経済を当然にも視野におさめていたが、営利企業、あるいは市場経済に対立させて、組合やコミュニティその他の非営利組織を念頭におく場合が多かった。しかし、「公平性」原理を上記のようにとらえるならば、私はそれが「市場経済」や「営利企業」を排除するものとは思われない。二一世紀の課題は、むしろ、「市場経済」や「営利企業」を市民社会のなかに位置づけ、それに適合したものにすることであろう。市民社会を構成するものは様々な形で生活を営み、消費選択・職業選択をおこなうと同時に、政治におけると同様に、経済領域においても、希望や不満を述べる(ボイスをもつ)個々人である。「市場経済」「営利企業」は、まずそうした個々人に対して開かれたものでなければならない。企業内部で個人あるいはその集団に対して、知識と情報を開示し、また個人あるいはその集団がボイスを表明することを許容しなければならない。それと同時に、外部に対しても、同じことをおこなわなければならない。企業は市民からなる企業になるべきであり、そうでなければ一単位としての企業が

「企業市民」になれるはずはない。

「市場経済」はレントの取得競争、あるいはレントの形成を前提してそれを国家が吸い上げて再分配するという市場・国家の二重経済から脱却するべきであろう。市民社会的な市場経済は、レントの基礎になる資源のうち共有化できるものを共有化するシステムをもつべきであろう。従来は、営利企業の競争自体によるレントの源泉＝希少資源の普及がその共有化にいたるプロセスであった。しかし、それは過程的には独占を拡大してゆくことに他ならず、その共有資源をもっとも必要とする経済主体にそれが到達するのは、最後、あるいは搾取されつくしたあとになるような場合が多い。あるいは、投機的競争によるレントの破壊は、生産性に基礎をもった生活基盤すらも破壊する場合がある。社会的な福祉を維持しながら、レントの基盤自体を共有化していくためには、私企業あるいは市場経済の世界とは別の場所に、知識を公開・共有化すると同時に、それが発展していく領域が生まれることが望ましい。科学・学問も本来はそのような性格をもつものであるが、大学や研究機関・学会といった組織自体は、必ずしもつねに共有化の機構として働くとは限らない。最近ではむしろ、知識はインターネットのような非制度的な空間のなかにオープン・ソースとして存在し、利用者がまたその成果を開放するというような形で発展する場合が出てきた。この場合、こうした空間における主体は、企業に所属している場合もあるにせよ、基本的には個々人、あるいはその集団である。

「ボイスをもった市民社会」を取りこんだ企業がその権威的な構造をどのように変容させていくか、また、上記のような公開・共有化のもとで競争的な市場経済がどのように変容していくかは興味のある問題であるが、今はそれを具体的に論じる準備はない。もともと「二一世紀の経済社会を構想する」というのが本書の主題であるが、本稿がなお「構想」の具体化に至っていないことについては、読者の海容を請わなければならない。おそらく、「構想」の具体化は、状況の変化と個々人の創意が結び合わさって生まれる進化的な過程の産物なのであろう。

**付記** 「開発主義」、「社会主義」については、本稿は通常とはやや違った形で用いている。なお、拙稿「経済の市場的発展とボイス形成」（横川信治・野口真・伊藤誠編『進化する資本主義』日本評論社、一九九九年）所収、また、「金融投機とケインズの夢」（『大航海』二七号、一九九九年）も参照願いたい。

# アセスメント制度の充実で、ワン・テーマ・エコノミーの克服を

山口義行

## 下手なサッカー

最近の小学生がやっているサッカーを見ていると、そのうまさに感心させられる。チームのメンバーそれぞれが自分の役割をちゃんと認識していて、ボールの動き、相手の動き、仲間の動きを見ながら、自分のいるべきところ、自分のやるべきことを見つけようとしている。われわれが昔、子供のころにやっていたサッカーと比べると、まさに雲泥の差である。われわれのサッカーといえば、ただただボールを追っかけまわしていたという単純なもので、結局はメンバーみんながボールのあるところに集まってしまうというお粗末なものだった。

二〇世紀末の日本経済は、われわれの子供の頃のサッカーを想起させる。「あっちにボールがあるぞ」と誰かが言えば、みんながそっちに向かっていく。「こっちにボールがあるぞ」ということになれば、今度はまたそっちにみんなが走っていく。そんな具合にして右往左往しながら揺れ動いてきたというのが、

やまぐち・よしゆき
1951年生まれ
立教大学経済学部教授
専攻：金融論
『今こそ「金融アセスメント法」を制定しよう』21世紀政策構想フォーラムブックレット，2000年
『金融ビッグバンの幻想と現実』時事通信社，1997年
『ポスト不況の日本経済』（共著）講談社現代新書，1994年

前世紀末の日本経済のイメージである。

二一世紀になったからといって、こうした「下手なサッカー」が突然終わりになるとは考えられないが、少なくとも、そうしたブレに強い経済社会を構築し、ある程度の経済的安定を確保していくことが、今世紀初頭の重要な経済課題の一つであることだけはたしかであろう。

「二一世紀の経済社会を構想する」などという大テーマに応えることはできないが、以下では、こんな問題を意識しながら、いくつか思いつくことを記してみることにしたい。

## 1　世紀末経済の諸相――ワン・テーマ・エコノミー

### 変遷するワン・テーマ

「ワン・テーマ・エコノミー」――たしかに、こう呼んでいいような事態がこの数年間続いてきた。八〇年代後半、当時の企業や金融機関の行動を規定していたテーマは、いうまでもなく「土地・不動産」であった。「土地さえ買っておけば大丈夫、確実に儲かる」とばかりに、日本中の資金が資産売買の過程に動員された。「本業にしがみついて資産運用（投機）をしない経営者こそ無能である」といった風潮も生まれ、多くの企業や個人がバブルに飲み込まれていった。間接金融機構のもつ信用創造機能がこの過程を推進すべく最大限に活用され、その結果金融機関を中心に日本経済は今もなお、その負の遺産である「バランスシート修正」に手間取るはめになっている。

バブル崩壊後、九〇年代初頭の日本経済が新たなテーマとして見出したのが「アジア」である。急激な円高の進行に対応すべく、迂回輸出の拠点を求めて日本企業のアジア進出が相次いだ。それはやがて市場としてのアジアを目指す資本投入となり、アジア市場は先進国市場にはない魅力を抱えた「エマージング・マーケット」と見做されるようになった。こうした日本の動きが一つの「呼び水」となって、世界中からアジアへ向けて大量の資金が流れ込むようになり、結局アセアン諸国のいくつかでバブルが発生した。その崩壊が通貨暴落と結びつくことで、一九九六年のアジア危機へと結果したのである。

そして、九〇年代末、通貨危機による麻痺状態からアジア諸国のいくつかがやっと抜け出しはじめた頃、日本経済が突如一大テーマとして設定したのがいわゆる「IT革命」である。「アメリカ経済の繁栄はIT革命によるものだ」という命題がほとんど検証されないままいつのまにか「常識」となり、「IT革命」の推進で日本経済の「失われた一〇年」を取り戻すべきだとする論調がマスコミを席巻した。いわゆるIT関連株が暴騰し、株式公開も活発化して「ネット長者」が生み出された。政府も「IT政策」なるものを打ち出し、IT担当大臣まで任命した。IT供給産業ではすさまじい勢いで設備投資が実施された。しかし、このブームも長くは続かない。たった半年ほどでいわゆるネットバブルも崩壊しはじめ、またIT産業がその裾野の狭さゆえに、いわゆるリーディング産業たりえないことも徐々に実証されることになる。今や、IT供給産業が行った設備投資も過剰投資ではなかったかという懸念が広がっている。「過大な期待」は「失望」へと転化しつつある。

## 繰り返される「規制緩和と構造改革」

一つのテーマに失望すると、また新たなテーマを見つけだして暴走する。低成長経済に移行して以降、日本経済はまさにそんな様相を呈しながら進行してきた。そして、その間、テーマとテーマの間をつなぐように、繰り返し強調されてきたのが「規制緩和と構造改革」である。

バブル崩壊後には、当時の細川首相の私的諮問機関である「経済改革研究会」（平岩研究会）が「規制緩和推進計画策定」を提言した。九三年の急激な円高の進行を背景にして早急な規制緩和の実施をせまるアメリカの要望に応えようとしたものだが、これが引き金となって、以後、規制緩和による経済改革の推進こそが日本経済の課題であるとする論調がマスコミの主流となった。

アジア危機後の九六年一一月には、橋本首相（当時）が「ビッグバン」路線を発表し、二一世紀に向けて規制緩和の総仕上げを目指すことになった。なかでも、その中心となった「金融ビッグバン」の推進が、バブル後遺症である不良債権の処理や破綻金融機関の出現などと絡んで金融業界に多大な影響を与え、金融業務の変容や大胆な再編成を導くことになった。

二〇〇一年、「ITバブル」もすでに崩壊し、米国経済の失速とともに日本の景気回復基調にもかげりがみえはじめると、またぞろ騒がれ始めたのが「構造改革」である。「一刻もはやい構造改革の実施」――これがまたマスコミの「合言葉」になりかけている。規制緩和に加え、より一層のリストラ（人員削減）の推進、不採算部門や赤字企業の切り捨てなど、企業収益の回復を促す主張は従来にも増してドラスティックなものになってきている。

追いかけるべきテーマを見失い、景気が低迷期にあったり、あるいは失速しかけている時に「既存秩序の破壊と競争促進」が強調されるのであるから、これは不可避的に企業や個人を自己防衛に走らせることになる。規制緩和や構造改革の必要を訴える論者たちは、主観的にはそれによって企業革新や新規企業の誕生を促しているつもりなのだが、現実には多くの企業や個人の不安感を煽り、彼らを借金の返済や投資・消費の抑制に走らせ、結局のところ景気低迷の長期化や深刻化を招くことになる。

ワン・テーマに暴走し、それが止むと「規制緩和と構造改革」で一斉に景気の下ブレ圧力を加える。まさに「下手なサッカー」を繰り返してきたとしか言いようのないのが近年の日本経済の歩みである。

## 「市場規律」の執行官に変身した官僚機構

上記のような「揺れ」を体験しながら、その中で明白な「質的変化」を遂げてきたものが、いわゆる経済官僚のもつ社会的機能である。

日本の経済社会の中に組み込まれてきた様々な「調整」機構の担い手として、かねてより官僚は強い権限を享受してきた。規制緩和論が国民から一定の支持を得てきたのも、それがそうした官僚支配体制の打破に貢献するものと見做されてきたからである。官僚によって事前的に調整されるシステムから、「市場」が事後的に整理・処理するシステムへと転換をはかる必要があるというのが、規制緩和論者の主張であった。いわゆる「護送船団行政」の打破である。

実際にも、北海道拓殖銀行や山一証券の破綻の際には、大蔵官僚は、自らの危機管理能力の低下を棚に上げて「マーケットが無理な経営をとがめる形で動いてくれる」ことこそ望ましいと、あたかも「市場」にその権限を手渡したかのようにふるまっていた。

しかし、周知のように、その後金融行政を司る官僚は以前にも増して強力な権限をもつことになる。公的資金の注入という「痛み止め」と、自己資本比率規制を背景にした検査権限の執行という「メス」を手にし、金融官僚は金融機関に対する生殺与奪の権限をほぼ完全に手中におさめた。

ただし、こうした官僚の権限回復はいわゆる「市場規律」の代行者としてのそれであって、かつてのような「調整役」としてのそれではない。したがって、彼らが張り切れば張り切るほど、市場原理はより剥き出しにされていくことになる。今や、金融機関は一斉に自己資本比率の上昇を目指して、効率性の追求と不採算企業の切り捨てへと「暴走」し始めている。

## 2　新世紀経済の課題――「多元性」の再構築

### 異なる行動原理をもつ組織の配置

「チームのメンバーみんなが、ボールのあるところに集ってしまう」――そんなお粗末なサッカー・チームにも似た日本経済のありようを、もう少しバランスのとれたものに再構築できないだろうか。これは、上記のような前世紀末の状況を目の当たりにし、また今日蔓延している「不安感」から一刻も早く抜け出したいと願っている多くの日本国民が、共通に感じていることにちがいない。では、そのためには何が必要なのか。

さしあたり取り組むべき課題は二つある。一つは、行動原理を異にする様々な組織（経済主体）を社会にバランスよく配置すること、そして、いま一つは、企業の行動原理の中に「収益性」以外の多様な価値基準を――「収益性」との著しい矛盾を引き起こさないやり方で――織り込ませていくことである。

前者についていえば、株式会社原理の徹底をもっとも強力に推し進めている米国が、その反対物ともいえる非営利組織（NPO）の活動を積極的に推進することで、とりあえず社会のバランスを保とうとしていることが一つの事例である。

日本には、かねてより自らの行動を全面的に「収益原理」に委ねることを自己抑制してきた組織が、経済活動の重要な地位を占めてきた。たとえば、協同組織金融機関は、資力や信用力が乏しく、銀行（株式会社組織金融機関）からは十分な金融サービスを受けることの出来ない顧客層を対象にすることで、日本経済の発展をその根底において支えてきた。

しかし、今日ではこうした協同組織金融機関に対して、その特性を打ち消し、「収益性原理」への一元化をはかろうとする圧力が強力に働いている。その一つは、先にも述べた自己資本比率規制とそのもとでの画一的な検査マニュアルの実施である。国際金融市場を一つの重要な活動基盤とし、株式価値の最大化を目指さざるをえない大手銀行と、上記のような社会的役割を担う協同組織金融機関とを同一のルールで律していこうとする金融行政——「市場規律」型金融行政——が、地域金融、中小企業金融の不安定化を招いている。

それだけではない。たとえば、自民党の行政改革推進本部などでは、より端的に協同組織金融機関の株式会社化を促すべしとする論調が強まろうとしている。協同組織金融機関を「ぬるま湯につかっている」非効率な存在と見做し、さらに株式会社化を進めて、それらを大手銀行の傘下に入れ易くすることで再編を進めることが企図されている。

平面を同一方向に並べないことによって、はじめて揺れに強い立体が出来上がる。日本のリーダーたちはこの単純な理屈にいつ目覚めるのか。基本的な方向転換が必要となっている。

## アセスメント制度の充実による「評価基準の多様化」

“shareholder economy”（株主至上主義経済）から“stakeholder economy”（利害関係者重視経済）へ——

イギリスのブレア首相は、いわゆる「第三の道」の一環として、企業は株主だけのものではなく、従業員、顧客、地域社会のものでもあると主張してきた。言い換えれば、株式会社といえども、株主利益の最大化ということだけを「原理」に行動すべき時代ではないということである。

行動原理を異にする様々な経済主体が存在したとしても、資本主義社会である以上、株式企業の行動がその影響力という点で決定的であることはいうまでもない。とすれば、株式会社を含めた企業行動に、どのようにしてより多様な価値基準を織り込ませていくかが決定的に重要だということになる。先にあげた後者の課題である。

しかし、日本の状況についていえば、この点に関しても事態はまったく逆の方向を目指しているといってよい。実際、「企業が株主のものである」という理念をどう徹底させるか、どう制度化していくかといったことばかりに、近年多くの関心が寄せられてきた。いわゆる格付け機関の権威化や企業のＩＲ（インベスター・リレイションズ）活動重視の姿勢は、こうした状況の反映にほかならない。これらは株主あるいは投資家の観点から企業行動を評価したり、あるいは企業自らそうした評価に必要な情報の開示を進めようというものであって、企業が「従業員、顧客、地域社会のものでもある」ことを多少なりとも制度化しようというものではありえない。むしろ今日早急に取り組まなければならないのは、こうした「従業員、顧客、地域社会」など、より多様な観点に立った企業評価・情報開示の仕組みをつくりあげていくことである。

九〇年代後半の金融危機の中で、すさまじい「貸し渋り」や「貸し剥がし」を体験した中小事業者たちが現在進めている「金融アセスメント法を制定しよう」という運動は、まさにこうした仕組みづくりの一つと見做すことができる。

金融アセスメント法とは、預金金融機関の社会的役割を考慮に入れた総合的な調査を行って、各金融機関に対する評価を行い、それを国民に向けて公表していくことを、行政機構に義務づける法律である。具体的には、金融アセスメント委員会を設置し、「円滑な資金需給」「利用者の利便」「経営の健全性」という三つの観点から金融機関の活動について調査を行い、「優秀」「良好」「改善必要」などの形でその評価結果を公表するというものである。

たとえば、「円滑な資金需給」という評価項目を設定することによって、金融機関が営業地域での資金の円滑な流れにどのような貢献を果たしているか、一方的な融資条件の変更などによって資金の流れを不安化させていないかなど、「経営の健全性」とは異なる視点で金融機関の活動を評価する。また、「利用者の利便」という評価項目をおくことで、今日なお現存している借り手中小企業に著しく不利な取引慣行の是正を図ろうとするなど、金融機関の活動を、株主だけでなく、地域経済や利用者の観点から評価していこうとする仕組みである。

同法では、金融機関が合併、金融持株会社の設置、支店の新規開設などを申請した際、監督官庁がアセスメント委員会の評価を考慮に入れて「認可」の可否を判断すること、したがって「改善必要」という評価が下されている金融機関には――改善計画の提出など一定条件が満たされない限り――「認可」が下りない可能性があるなどのペナルティについても規定されている。

## 社会的コスト負担のルール化

上記の金融アセスメント法の原形は、すでに米国では「地域再投資法」という形で現実化している。米国では、いかなる経営方針をもつ銀行であっても、地元への資金還流をまったく考慮しないで金融活動を遂行していくことは、それ自体一つのルール違反と認識される。実際、米国で銀行が金融持株会社を新設しようとするなら、自己資本比率一〇%以上という条件に加えて、地域再投資法にもとづく評価が「良好」以上であるという条件をクリアーしていなければならない。

そこには、地域経済の安定やその発展に貢献することは一種の社会的コストの共有であり、したがってそれは個別金融機関の経営戦略上の事情を超えるものだとする国民的合意が前提されている。金融ビッグバンを推進してきた日本の現状では、金融機関はますます目先の「効率性」を追求し、地域経済の活性化や地元中小企業の育成といった手間暇のかかる仕事を避ける傾向にあるが、これは長期的視点に立てば金融機関自身にとってもマイナスであることはいうまでもない。規制緩和を進め、市場原理の貫徹を容認すればするほど、他方では社会的コスト負担のルール化が必要になる。

「企業は潰れても人間は潰れない社会」──内橋克人氏は二一世紀日本が目指すべき経済社会をこう表現している（同氏「私たちはどのような危機のなかにいるのか」『世界』二〇〇一年一月号、一〇〇頁）。「脆弱なワン・テーマ・エコノミー」が引き起こす大きな揺れによって「人間が押し潰されない」ためにも、「多元性」の再構築に向けて、今こそ様々な制度的提案が活発に行われる必要がある。

**補注** 本稿で取りあげた金融アセスメント法については、拙稿『今こそ「金融アセスメント法」を制定しよう』

（二一世紀政策構想フォーラムブックレット、二〇〇〇年三月二〇日初刊）または私のホームページ、http://www.media-kiss.com/yamaguchi/ を参照されたい。また、米国の地域再投資法については、平石裕一「地域社会に対する銀行システムの責任について」（『銀行労働調査時報』第五八五号、一九九八年六月、所収）、柴田武男「地域再投資法改正の影響と現行の規制構造」（『証券研究』第一〇八巻、一九九四年二月、所収）、高田太久吉「銀行と地域――米国『地域再投資法』をめぐる最近の動向」（中央大学企業研究所年報第一四号、一九九三年、所収）などが参考になる。

# 多元的経済社会の可能性

若森章孝

グローバリゼーションは、各国の社会経済システムのアメリカ・モデルへの収斂による諸矛盾の解決という新自由主義の言説とは反対に、さまざまなタイプの資本主義の競争的併存という世界的構図の中で、経済格差や社会的排除の増大、地球環境問題の深刻化、労働力の女性化と出生率低下といった諸矛盾を生み出しながら進展している。このようなグローバリゼーションの進展にともなう諸問題、すなわちグローバリゼーション・プロブレムは、社会統合の維持(新しい市民権)や環境保全(循環型社会)や出生率低下の回復(男女共同参画社会)といったポスト工業化の社会問題に取り組むことを通じて、解決の方向性が見出されるのである。そのためには、多元的経済社会とポスト工業経済の時代にふさわしい調整様式を発見する必要があるが、そのような調整様式の形態として、今日、ガバナンスが注目されている。

わかもり・ふみたか
1944年生まれ
関西大学経済学部教授
専攻：政治経済学
『資本主義発展の政治経済学』関西大学出版部, 1993年
『レギュラシオンの政治経済学』晃洋書房, 1996年
『歴史としての資本主義』(編著) 青木書店, 1999年

## 1　多様なタイプの資本主義の併存とポスト工業化の進展

グローバリゼーションは、市場の世界化と同時に賃労働関係の世界化を進展させ、労働コストの高い先進国と大量の低賃金労働をもつ新興工業国・地域との競争を激化させている[1]。そのために、フォーディズム時代には雇用と賃金が保証されていた単純労働者（不熟練労働者）が、失業と排除（雇用や医療、教育からの排除）のリスクに直面している。さまざまなタイプの資本主義（ボワイエ［一九九九］）が失業問題にどのように対応しているのか、みておこう。アメリカの株主資本主義は、解雇規制の緩和と低賃金労働雇用の拡大によって失業の増加というグローバリゼーション・プロブレムに対応し、失業率を低下させてきたが、この種の対応は低賃金の雇用分野における技術革新の停滞という問題を抱えている。ヨーロッパの資本主義は、早期退職制度や女性雇用の抑制によって男性労働者の雇用を確保することで、失業のリスクに対応している。この対応策には、技術革新に適合的な技能をもつ青年労働者を確保するという利点がある一方で、大量の長期失業者が雇用および社会福祉から排除されるとか、高学歴の女性の社会進出が抑圧される、といったより深刻な問題が未解決のまま残されるというマイナスがある。日本の資本主義は、トヨタ生産方式（企業への全人格的忠誠、コスト削減と品質改善の恒常的追求）による輸出の絶えざる拡大を前提にした雇用保証（男性労働者）によって不熟練労働力の雇用確保の問題に対応してきたが、円高の進行や発展途上国との競争のために輸出が伸びず、企業内の過剰雇用が放出され失業率が上昇している。ここにみられるのは、グローバリゼーションが生み出す失業問題に国家のケインズ主義政策がもはや有効ではない状況の下で、アメリカのように低賃金雇用の増加によって対応するか、それともヨーロッパのように、一部の男性労働者と多くの女性の排除によって家族でただ一人の稼ぎ手である男性労働者の雇用を保証するか、というグローバリゼーションのジレンマである。グローバリゼーションの進行と労働市場にたいする金融市場の優越傾向にもかかわらず、各国の雇用政策と福祉政策の基本的特徴は維持されている。(2)

これにたいし、スウェーデンは、技能訓練にもとづく積極的労働市場政策によって不熟練労働力の雇用問題に対応することに加えて、女性の社会進出と出産・育児を両立させる労働政策・家族政策によって、公共部門やサービス分野における雇用の増加と高学歴の女性労働力を確保する、というポジティブ・サム的対応策を試み、成果をあげている。エスピン-アンデルセン[二〇〇〇]が指摘するように、このようなスウェーデンの試みは、女性の自立要求と出生率の低下といったポスト工業化の問題に対応することがグローバリゼーション・プロブレムの解決につながること、アメリカや日本ばかりかヨーロッパの資本主義もイノベーション能力の強化によって国境なき世界競争に対応することを急ぐだけで、ポスト工業化の問題への取り組みが遅れていることを示唆している。女性の自立要求のみならず、環境保全や労働中心社会の見なおしといったポスト工業化の諸問題に関する社会的コンセンサスが、雇用危機、需要危機、環境危機、家族の危機、社会統合の危機といったグローバリゼーション・プロブレムの解決に通じるのである。

## 2 グローバル資本主義における国家の問題――統治からガバナンスへ

ベルリンの壁崩壊(一九八九年)とソ連邦の解体(一九九一年)に始まるグローバリゼーションのいちじるしい進展は、二〇世紀資本主義(フォーディズム)における経済と国家の関係を変化させ、「国家の退場」をめぐる議論にみられるように、グローバリゼーション時代に固有な国家主権と統治をめぐる問題を生み出している。サッセン[一九九九]が指摘するように、グローバリゼーション時代における国家(統治）の問題を、グローバル経済（グローバル資本市場）と国民国家を対置し、規制緩和や世界標準の設定によって後者が失うものを前者が獲得するというようなゼロサムゲーム的な枠組みで考えることはできない。というのも、国家はグローバリゼーションに反対したのではなく、むしろ国家によってグローバリゼーションが推進されたからである。国家の介入による金融市場と労働市場の規制緩和なしに、二〇世紀末のグローバリゼーションの展開は考えられないのである。

問題は、このように国家の介入によって作り出されたグローバル経済が国家の主権や統治を制約していることである。グローバル化した市場経済は、権威のある国際機関によって統治されるのではなく、逆に、グローバル資本市場の「声」に従うように諸国家に迫るのである。グローバル経済にはすでに、共通の通貨と中央銀行をもつEUや自由化交渉や貿易紛争の解決に当たるWTO（世界貿易機関）のような超国家的機関と並んで、市場の声を代弁して世界各国の銀行や債権の格づけをおこなっているムーディーズ（アメリカの統計サービス会社）のような有力な私的統治機関が形成されている。グローバル経済の私的統治機関と「国際私法レジーム」（サッセン）が銀行や国家を格づけし、統治（政府の介入）の方向性を左右する、という逆立ちした事態がここに生じている。グローバル経済の市場取引による「経済投票」の結果に政府が「説明責任」を要求されているのであるから、多国籍企業や国際資本は、グローバル経済において諸国家にたいする「経済的市民権」（サッセン）をもっていることになる。

他方、諸国家は、モノや資本、情報の移動については国境を開放し経済のグローバリゼーションを推し進めているのに、移民や難民のかたちでの国際労働力移動――世界全体で、一億二〇〇〇万人の移民と二〇〇〇万人の難民が存在すると推定されている――については国境の壁を高くしている。とりわけ、その存在が入国管理という国家主権を侵害する性格をもつ非登録移民は、国家による排除と管理の対象になっている。しかし、諸国家がその形成に関与してきた国際人権レジーム——国際人権宣言や国際人権規約、ヨーロッパ人権条約、人種差別撤廃条約、移住労働者の権利条約など——が、ヒトの移動についての国境管理の強化に関して国家に要請される説明責任を増大させ、国籍にもとづく従来の市民権（市民的権利、政治的権利、社会的権利）を部分的に侵食しているのである。(3)

このような脱国民化傾向に照応して、国家の経済政策と社会政策の全体（すなわち政策レジーム）も、ケインズ主義的福祉国家からシュンペーター的勤労福祉国家に変化した。ケインズ主義的福祉国家が需要サイドへの介入（財政政策）によって国民経済のマクロ的規則性と雇用を維持し、国民のリスク（失業、高齢、疾病）にナショナル・ミニマムを保証するものであったのにたいし、シュンペーター的勤労福祉国家は、とくに供給サイドへの介入（新しいテクノロジーの開発、製品や製造工程、組織、市場の絶えざるイノベーション）によって国民的領域の「構造的競争力」（ジェソップ）を高め、社会政策をこの構造的競争力の強化に従わせる政策レジームである（ジェソップ［一九九七］、若森［一九九六］）。例えば、失業者が失業手当を給付されるには、新たな職につくことのできる技能を学習するための職業訓練が制度的に義務づけられるようになる。グローバルな市場経済では標準的技能が短期間で陳腐化するので、失業のリスクに直面している先進国の低技能労働者は、新しい技能を身につける能力、つまり学習する能力を向上させていかねばならない。教育システムや職業教育の改善によって国民に学習能力の向上を保証することが、シュンペーター的勤労福祉国家の新しい役割なのである。国家の経済的・社会的介入は、もはやナショナルな文脈ではなく、世界的競争における国民的領域の競争力をいかに高めるかという戦略的観点からなされるようになる。

しかし、注意すべきは、国家の経済や社会にたいする介入の仕方が、集権的国家による上からの強制的な調節を意味する統治（government）から、複数の利害関係者による共治を意味するガバナンス（governance）に変化しつつあることである。(4)「統治からガバナンスへ」という傾向は、不確実性とリスクを高めるグローバル市場経済のなかで主権国家の問題解決能力が相対的に低下していることを反映している。

## 3 労働中心社会としての「勤労者社会」の危機と市民権の再定義

フォーディズムの時代（一九四五―一九七四年）は、賃労働者層を生産者としてのみならず消費者としても資本主義市場経済に終身的に統合することによって「勤労者社会」を作り出したが、経済のグローバリゼーションに直面した勤労者社会の存続と発展にとって、もっとも重要な経済的・社会的問題は雇用問題である。グローバリゼーションに直面した勤労者社会は「砂時計型社会」に変質し、社会的凝集性の危機を抱えているのである（Lipietz［1996］）。

それでは、グローバリゼーションに直面した勤労者社会において、社会的凝集性を確保することは可能であろうか？　低賃金雇用と経済格差を拡大する市場主導型の資本主義によって社会的凝集性を確保しえない、ということは明らかである。また、賃労働者層が、情報技術とグローバリゼーションを巧みに利用できる上層、資格や労使協定によって保護されている中層、雇用や社会保障から排除されている下層に分裂している下では、社会的凝集性の基礎である連帯――ここで「連帯とは、国民が社会生活を脅かすリスクをそれを通じて引き受けるところのルール全体である」（アグリエッタ［二〇〇〇］五五頁）――をコーポラティズム（労使の団体交渉および職業団体間の交渉）によって確保することはできない。市場主義やコーポラティズムにとって代わる第三の道はないだろうか？「純粋に個人主義的な社会は維持不可能である」という社会認識に立脚して、社会的凝集性を確保するための基準（公正）についての共通の考え方を政治的討論によって作り上げ、国家がそれを新しい市民権として制度化することが求められている。(5) 新しい市民権の内実は公的空間の保証とそこにおける討議と選択に依存するが、少なくとも、社会は雇用創出と生活条件の改善に努め、個人（とくに低技能労働者）は技能訓練によって高い生産性の労働の提供に努める、という社会と個人の相互契約の下で、「排除されない権利」が新しい市民権として制度化される必要がある（アグリエッタ［二〇〇〇］、ギデンズ［一九九九］）。

## 4　地域的次元の重要性――地域通貨と第三セクター

経済のグローバリゼーションによって引き起こされるグローバリゼーション・プロブレム（経済格差と社会的排除の拡大、福祉国家の危機と公共サービスの縮小・民営化、地球環境問題の深刻化、等々）にたいして、グローバル市場経済の制度的支柱になっている国民国家や世界企業が有効な解決策を提起できない状況のなかで、排除や福祉、環境の問題に取り組むことによって地域経済とコミュニティを活性化させる制度的革新が地方的次元において多様な仕方でおこなわれている。地域通貨による地域交換取引制度（LETS《レッツ》）や社会経済（第三セクター）などがその代表的なものである。

世界のさまざまな地域や都市にLETSが広がっているのは、単一の国家通貨（一元的通貨システム）の使用が強制されているために、「地域経済が衰退すれば国家通貨が地域のなかで循環しなくなり、地域で失業が発生し、土地と資源が使われなくなり、地域のニーズは充たされない」（ロバートソン［二〇〇〇］一〇一頁）からである。さらにそれは、現行の通貨・金融システムが、周辺地域や貧しい人々から中心地域や豊かな人々に富と資源が移転されるメカニズムになっているからである。ＬＥＴＳの広がりは、地域通貨・国家通貨・超国家通貨からなる多元的通貨システムを作り上げる必要性を示唆しているのである。

地域通貨は、信頼にもとづいて流通する貨幣、つまり「信頼貨幣」（西部忠）であり、地域経済の復興という経済目的だけでなく、人間相互の信頼関係やコミュニケーションの活性化といった倫理的・文化的目的を担っている。西部忠［二〇〇〇］によれば、「地域通貨は貨幣と言語の間に位置し、開かれたコミュニティとコミュニケーションを創造するためのメディアであり」、「その目的は近代が実現した個人主義と自由主義を基本としつつ、新たな互恵的な共同体を再生し、自律と信頼を通じて経済と言語におけるコミュニケーションを活性化すること」である(6)。

また、産業や生産活動から遊離した金融のグローバリゼーションと雇用や福祉の問題にたいする国家の問題解決能力の低下とともに、社会経済（第三セクター）の重要性が高まっている。社会経済は、企業家や仲介業者の役割を果たす協同組合（労働者生産協同組合、消費者協同組合）、組合員の出資金によって非営利目的の連帯活動をおこなう共済組合、非営利の倫理的目的の活動をおこなうボランティア組織（ＮＰＯ、ＮＧＯ）から構成される。

世界競争と競争の自由を促進するグローバリゼーションが不確実性とリスクを高めている今日、諸個人の集団行動（協同組織）からの退出（exit）と集団行動における発言（voice）を通じて形成される第三セクターは、競争原理主導の民間部門と支配原理主導の国家と共同体原理主導のコミュニティを、退出による人格的自由の確保と発言による連帯的問題解決を受け入れる方向に誘導して、企業や国家や家族による問題解決能力を高めるように作用しているのである。(7)

## 5 多元的経済社会の可能性――新しい調整様式としてのガバナンス

フォーディズム時代は国民的次元を中心に制度諸形態が編成され、国際的次元や地方的次元の諸制度は、国民的領域における経済成長や政治的・社会的市民権や国民国家による統治(政府の介入)を維持・発展させるように作られていた。しかし、フォーディズムの衰退とグローバリゼーションの進展とともに、一方では、国境を管理する国民国家(対外国家)の主権が大幅に世界的次元または超国家的次元に移譲され、他方では、対内国家の経済・社会的介入としての統治が多様な利害関係者の共治としてのガバナンスにとって代わられようとしている。そして、世界、大陸(諸国家を含む地域)、国民、広域地域、地域(都市)といった多元的領域から構成される多元的経済社会が、さまざまな矛盾やジレンマ、歪みを随伴しながら姿を見せはじめている。しかし、多元的経済社会が発展するには、矛盾やジレンマに対応する新しい調整様式の発見が不可欠である。

世界的次元では、主権国家や多国籍企業でさえ不確実性とリスクが高まる状況から逃れることはできず、さまざまなタイプの資本主義がイノベーションとコストをめぐって激しく競争し合っている。そして、さまざまなタイプの資本主義の共存を保証し、グローバリゼーション・プロブレムに能動的に対応できるルールや制度が創出されないならば、グローバル資本主義は諸国家を近視眼的で危険な競争に巻き込み、グローバルな無秩序と混沌を生み出すことになる。

国民的次元についていえば、国民国家は、一方で国民的領域の構造的競争力を強化し、他方でさまざまな社会復帰促進政策や技能訓練などによって社会的凝集性を維持することに努めている。つまり国家は、構造的競争力の強化と社会的凝集性の維持を両立させることに困難を呈している。グローバリゼーションが進展するなかで社会統合を維持していくには、政治の復権によって少なくとも「排除されない権利」が公的討論を通じて新しい市民権として認められていかねばならないだろう。要するに、国民的領域と国家の存在はグローバル市場経済にとっても不可欠であり、世界的次元に解消されるものではありえない。国民的次元はそれ固有の重要性を失っていないのである。

地域的次元では、すでにみたように、きわめてさまざまな非営利・非政府・非家族の自主的な組織によって、経済の活性化やコミュニティの再生、雇用機会の創出や通常の市場では充足されないサービスの提供、等々を目的とする社会革新が試みられている。第三セクターや地域通貨などは、人間相互の信頼関係を再構築する地域的次元の試みの代表的なものである。しかし、地域的次元の革新には、依然として、世界的次元や国民的次元では対応できない残りカス的な問題に対応しているにすぎない、という低い評価しかあたえられていない。

以上のような経済の多元的次元、つまり多元的経済社会が、混沌と無秩序に陥ってしまうのではなく、各次元における複数の多元的な均衡を維持しながら多様な仕方でダイナミックに発展していくには、新しい調整様式が発見されねばならないが、その手がかりになるのがガバナンスである。ガバナンスは「個人と機関、私と公が共通の問題に取り組む多くの方法の集まりであり、また、相反する、あるいは多様な利害関係の調整をしたり協力的な行動をとる、継続的なプロセスのことである」(Commission on Global

Governance［1995］二八頁）と定義される。[8] 多数の利害関係者が共通の問題に取り組む継続的プロセスであるガバナンス（共治）型の調整様式が、地域的次元ばかりか国民的次元や世界的次元、超国家的次元においても形成されていくことは、多元的経済社会[9]が発展するための必要条件なのである。

（1）アグリエッタ［二〇〇〇］は、グローバリゼーションを市場の世界化と賃労働関係の世界化として理解し、それによって新しい蓄積源泉が生まれていることを強調する。
（2）以上の点については、Esping-Andersen, G. ed.［一九九六］に収録されている諸論文を参照されたい。
（3）国民国家を超える人権概念がグローバリゼーション時代における社会統合にとって有する意義については、斎藤日出治［二〇〇〇］を参照されたい。
（4）「統治からガバナンスへ」という視点は、ジェソップ［一九九七］から学んだ。
（5）メーダ［二〇〇〇］は、労働を社会的きずなの中心的要素に置く労働中心社会の危機を近代社会の根源に立ち返って分析し、社会的きずなを織り上げる公的空間としての政治の復権を提唱した、興味深い研究である。
（6）地域通貨を理論的に検討した文献として、西部忠［一九九九］、同［二〇〇〇］、森野栄一監修［二〇〇〇］がある。参照されたい。
（7）退出と発言を通じて形成される市民組織が国家や企業の問題解決能力を高めることを指摘する研究として、ペストフ［二〇〇〇］、八木紀一郎［一九九八］を参照のこと。
（8）グローバリゼーション時代におけるガバナンスの定義と役割を分かりやすく説明した文献に、菅原秀幸［二〇〇〇］がある。
（9）多元的経済社会を展望した最近の研究に、佐々木政憲［一九九七］、内橋克人［一九九九］、ロバートソン［二〇〇〇］がある。参照されたい。

## 参考文献

アグリエッタ、M（二〇〇〇）若森章孝訳「世紀転換期の資本主義」若森／山田／大田／海老塚訳『増補新版 資本主義のレギュラシオン理論』大村書店
ボワイエ、R（一九九九）中原隆幸訳「グローバリゼーション時代の資本主義」横川／野口／伊藤編著『進化する資本主義』日本評論社
Commission on Global Governance (1995) 京都フォーラム監訳『地球リーダーシップ――新しい世界秩序をめざして』NHK出版
Esping-Andersen, G. ed. (1996) *Welfare States in Transition*, Sage.
エスピン-アンデルセン、G（二〇〇〇）渡辺雅男／渡辺景子訳『ポスト工業経済の社会的基礎』桜井書店
ギデンズ、A（一九九九）佐和隆光訳『第三の道』日本経済新聞社
ジェソップ、B（一九九七）篠田武司ほか訳「国民国家の将来」『立命館産業社会論集』第三三巻第四号
リピエッツ、L（一九九〇）若森章孝訳『勇気ある選択』藤原書店
Lipietz, A. (1996) *La société en sablier*, La Découverte.
メーダ、D（二〇〇〇）若森章孝／若森文子訳『労働社会の終焉』法政大学出版会
森野栄一監修（二〇〇〇）『地域通貨』北斗出版
西部忠（一九九九）「地域通貨LETS／貨幣・信用を超えるメディア」『批評空間』Ⅱ-22
西部忠（二〇〇〇）「貨幣の未来、信頼を基礎に」『日本経済新聞』八月二四日
Petrella, R. (1997) *Economie sociale et mondialisation de l'économie*, Suco, Québec.
ペストフ、V（二〇〇〇）藤田暁男ほか訳『福祉社会と市民民主主義』日本経済評論社
ロバートソン、J（二〇〇〇）石見尚／森田邦彦訳『二一世紀の経済システム展望』日本経済評論社
サッセン、S（一九九九）伊豫谷登士翁訳『グローバリゼーションの時代』平凡社

斎藤日出治（一九九八）『国家を越える市民社会』現代企画室
佐々木政憲（一九九七）『裸になったサラリーマン』現代企画室
菅原秀幸（二〇〇〇）「グローバリゼーションへの対応」青木健ほか編『ポスト通貨危機の経済学』勁草書房
内橋克人（一九九九）『多元的経済社会のヴィジョン』岩波書店
植村／磯谷／海老塚（一九九八）『社会経済システムの制度分析』名古屋大学出版会
若森章孝（一九九六）『レギュラシオンの政治経済学』晃洋書房
八木紀一郎（一九九八）「進化的政治経済学と市民社会論」『経済セミナー』二月号

# Ⅲ　改革の焦点と課題

# リカレント教育の確立を

## 教育と労働の交替性の回復のために

伊藤正純

いま子どもの世界で「勉強からの逃走」と「仕事からの逃走」が起きている。また大人の世界でもリストラ、転職、エンプロイアビリティ（雇用されうる能力）という言葉が氾濫している。雇用の流動化が進行しているのである。両者の問題を同時に解決するには、教育と労働との交替性を回復する必要がある。生涯学習の一形態であるリカレント教育の理念に、そのヒントがある。

### 1　リカレント教育の理念

教育と労働とは、本来、交替性のあるものではないのか。一九六〇年代までの子どもの世界を思い浮かべても学校に通っていない子どもは何らかの労働に従事していた。またみんな親の手伝いをしていた。親も子もそれに対して疑問をもつことはなかった。この教育と労働との交替性は、生涯学習の一形態であるリカレント教育の理念そのものである。ところが、いま子どもの世界では「勉強からの逃走」と「仕事からの逃走」が起こっている。

いとう・まさずみ

1947年生まれ

桃山学院大学教育研究所教授

専攻：経済学，生涯学習

「高失業状態と労働市場政策の変化」篠田武司編『スウェーデンの労働と産業』学文社，2001年

「階級社会としての市民社会」八木紀一郎・山田鋭夫ほか編『復権する市民社会論』日本評論社，1998年

「曲がり角に立つスウェーデンのリカレント教育」黒沢惟昭・佐久間孝正編『〔増補版〕苦悩する先進国の生涯学習』社会評論社，2000年

文部省（現文部科学省）は生涯学習の普及のためリカレント教育推進事業を立ち上げているが、日本の現状は、勤労成人が労働と教育（学校）とを交替できるとするリカレント教育の原義からは遠い。リカレント教育（recurrent education）はもともとスウェーデン語の återkommande utbildning の英訳で、故パルメ（当時文相）が一九六九年のヨーロッパ文相会議でスウェーデンの一九六八年教育委員会での高等教育改革を紹介するのに使った英語である。このリカレント教育の理念は、ＯＥＣＤの一九七三年の報告書『リカレント教育――生涯学習のための戦略』で世界に広まった。そこでは、「リカレント教育は、すべての人に対する義務教育または基礎教育終了後の教育に関する総合的な戦略であり、その本質的特徴は、個人が生涯にわたって教育を他の諸活動と交互に、特に労働と、しかしまたレジャーおよび隠退生活とも交互に行なうという仕方にある」と定義されていた。

スウェーデンの教育理念の根本は教育の機会均等の保障である。それは、同一世代間だけでなく異世代間にわたる教育の機会均等の保障である。そして、その実効性を確保するものが教育費の公費負担の原則である。大学を含む学校教育の授業料だけでなく、成人教育の授業料も無料である。スウェーデンでのリカレント教育原理の考案には、この教育の機会均等を教育費の公費負担原則で保障するということが関係している。

パルメが紹介した高等教育改革の提言は、きわめて大胆なものだった。リカレント教育を確立するためには、若者の教育爆発（進学者増）をどこかで制限しなければならない。高校で制限することは低位の社会的グループ出身の生徒に打撃を与えるからできない。また高校教育は、訓練されたマンパワーを要求する労働市場の需要を満たすために必要だ。「したがって、残る唯一の可能性は、成人教育を拡張できるよう、高等教育の成長を鈍化させることだけだ」。そして「極端な仮説」と断りながら、「高校を終了したすべての人は職業に就き、少し時間が経ってから仕事中にもう一度教育の期間を取ったのち、再び職業に戻ったり、別の教育期間などを経験したりする」という改革案が進行中であることを明らかにした。

一九六〇年代後半からスウェーデンではリカレント教育を確立するための制度改革をおこなった。主なものをあげると、①一九六八年の地方自治体成人学校（komvux）の設置。これにより基礎学校（小中学校相当）や高校のカリキュラムが成人でも修得できる補償教育（compensatory education）が確立し、学校教育と成人教育とが結合した。②一九七一年の「二五—四ルール」（二五歳以上で四年以上の労働経験者を優先する大学入学制度）の導入。③④成人教育を時間的、経費的に保障するための教育休暇法（一九七五年）と成人教育義務資金法（一九七六年）の施行。これら二法は、日本がいまだ批准していないＩＬＯの有給教育休暇の勧告（一九七四年）の制度化である。⑤一九七七年の専門的な職業教育を重視した高等教育改革（いわゆる大学改革）。スウェーデンでは、一九五三年に国負担の学生ローン制度が導入され、学生は生活費を親負担ではなく自己負担（＝出世払い）できる体制が確立した。だからこの改革は、専門教育と職業教育とを結びつけ、勤労成人を大学に入学させる仕掛けであった。

では、リカレント教育の真の狙いは何だったのか。それは、日本ではあまり知られていないが、学卒者の教育レベルと労働市場での要求レベルとのミスマッチを解消することだった。このミスマッチとは過剰教育＝学歴インフレのことで、高等教育修了者がその学歴にふさわしい仕事に就いていないのは公費の無駄使いだからである。その解決策こそ、勤労成人が本当に必要になったとき高等教育機関（大学、専門学校など）に進学できる体制を確立することだった。それは、教育の機会均等の原則にかなった合理的解決策であった。

スウェーデンも情報化・国際化の進展と国際競争の激化のなかで、一九八〇年代以降、高卒直後の若者の大学入学枠（特に理系の枠）を拡大していった。また一九九三年の大学改革で各大学に入学者を選抜する権利を認めた。そのため、リカレント教育の原義は薄れてきている。それでも二〇歳代後半から三〇歳代の大学生が多いのが、スウェーデンの特徴である（拙稿①「曲がり角に立つスウェーデンのリカレント教育」黒沢惟昭ほか編『〔増補版〕苦悩する先進国の生涯学習』社会評論社、二〇〇〇年、②「スウェーデンのリカレント教育」『理想』一九九六年六五八号、参照）。

スウェーデンでは、基礎学校最終年と高校で、職業経験がカリキュラムに組み込まれている。このように、日本よりはるかに職業教育を重視した学校教育がおこなわれている。リカレント教育もそうだが、スウェーデンの教育制度をみていると、日本より教育と労働との交替性が強く感じとれる。現在の日本の新規学卒者の就職状況と教育改革の問題点を考えるとき、参考になると思い紹介した。

## 2 高校――日本の教育問題の縮図

日本の教育問題の縮図はどこか。日教組の高校改革プロジェクトの研究協力者をしていた経験からいえば、大学にではなく、高校にある。戦後の日本の学校教育は六三三制で単線型だといわれているが、高校からは実質的に複線型である。というのは、各高校に入学者選抜権を与えた入試によって高校間格差＝序列化が生まれ、その高校が生徒の将来の進路を規定する決定的要因になっているからである。しかも、スウェーデンのような学校教育とリンクした成人教育機関が存在しないため、進路選択を誤ると修正がなかなかできない。そのため、入学した高校がその人の将来を規定する度合いが強い。その高校が危ないのである。

いま子どもの世界で「勉強からの逃走」が起きている。刈谷剛彦によると、中高校生の学校外での学習時間は短くなっているという(刈谷「学力の危機と教育改革」『中央公論』一九九九年八月号、参照)。受験競争は激化しているようにいわれているが、しかしその実態はいささか異なる。多くの中学生にとって高校入試は勉学への動機づけとはなっておらず、ただひたすら重い精神的プレッシャーなのである。いまの高校入試は学力試験より内申書を重視している。そのため、中学校は監視と抑圧の世界となっている。また現在の「ゆたかな社会」では、一九七〇年代前半まで機能していた「教育による生まれ変わり」(第二の出自)の論理が働かない。教育によっては親の学歴と親の生活レベルを超えられなくなっていることを、中高生たちは無意識的に悟ってしまった。そのうえ、勉強しなくても入学できる高校があることも知っている。

現在、大学生の学力低下が問題になっているが、受験は学力向上に役立たないことは認識すべきだ。いま必要なのは、学んで知った喜びが次の学びを呼び起こすという学び本来の連鎖の構築である。そのためには、何よりも時代遅れになった高校入試を廃止するしかない。これが高校における入口の問題である。

高校における出口の問題のうち、ここでは就職に関係する点だけみておく。二〇〇〇年三月卒業の現役高卒者の大学等進学率は四五%、専門学校進学率は一七%だったが、就職率は就学就職者を含めて一九%(男子二一%、女子一七%)で、ついに二〇%を割ってしまった。一九九二年の就職率は三三%だったから、急減といってよい。この背景には、高卒求人数の激減がある。一九九二年に一八六万人だった求人数が、二〇〇〇年にはたった二七万人である。多くの企業で、高卒者から中途採用者への切り替えが進んでいるのである。雇用削減、特に大企業におけるリストラによって排出された即戦力となる人材が活用できるからである。また、一般事務、営業・販売といった高卒就職者の希望職種で、高卒者から大卒者への学歴代替も進んでいる。そのうえ、派遣労働および非正規雇用の拡大という人件費節減のための雇用流動化策が進展している。大部分が高卒者である一五—一九歳の九七年の短時間就業者比率は、男子が三六%、女子が六〇%で、女子はパートタイム労働が多い三五—三九歳、四〇—四四歳の四五%よりも高い。二〇〇〇年の高卒女子の就職者はたった一一万人しかいなかったが、このような雇用形態の悪化が、またすぐあとでみる雇用内容の悪化が、高卒者に就職する意欲を萎えさせていることは間違いない。

一九九〇年代に入って特に顕著になってきたことは、高卒者の就く職業がますます卒業する学科と関係がなくなっていることである。男子ではほとんどの学科で就職者の半数近く(工業科では七割超)が技能工等(技能工、採掘、製造・建設作業者及び労務作業者)、女子でもサービス職と技能工等をあわせると就職者の半数を超える学科がほとんどなのである。サービス職は名前はきれいだが、その勤務内容はアルバイトやパートなど非正規雇用者が多い対人サービス(娯楽店での接客や飲食店勤務など)である。高卒での専門技術職は五%、事務職は一三%(男子三%、女子二五%)しかいない。したがって、男子はブルーカラー職、女子はグレー+ブルーカラー職に固定してきていると言ってよい。逆にいうと、職業高校で教えられている専門的な職業技能教育が工業科、看護科、水産科などの一部の卒業生を除いて、ほとんど就職に結びつかなくなってきているということなのである。

いま本当に必要なのは普通科を含めて全高校生に対して、労働法を含む一般的な職業教育をおこなうことである。すなわち、職業に就く意義や職業体験を教えて、職業意識を培うことだ。一般的な職業教育の必要性を強調するのは、就学就職者を含めて高卒就職者の四割(三九%、男子三五%、女子四五%)が普通科の卒業生だという現実があるからである。高卒者の七四%が実は普通科の卒業生で、これは、大学進学に有利だというイメージと学校建設のコストが安く上がるという二つの要因で、一九七〇年代以降の高校増設がほとんど普通科だったことの結果である。皮肉なことに、これが普通科を高卒就職者の最大の供給源としたのである。

職業高校では、入学者に対して学科の専門的な職業技能教育がおこなわれる。また入学時から卒業時まできめ細かな就職指導が組まれている。そのため就職しない生徒でも、職業を意識して高校生活を過ごす。ところが、普通科は、上位の進学校から底辺の教育困難校まで広く分布しており、そこでは職業教育の科目は正規のカリキュラムに存在しない。そればかりか、正規の職業指導もない。職業指導は課外でおこなわれる進路指導だけである。生徒の方も普通科に入学したこともあって、就職を意識せずに高校生活を送る者が多い。そのため、就職する者も強い就職動機をもたないまま就職する場合が少なくない。

出口に関して、もうひとつ大きな問題がある。それは、進学も就職もしないで卒業する「無業者」が多いことだ。無業者とは、学校基本調査で「家事手伝い、外国の大学に入学した者、ABCD〔教育および職業訓練機関を指す――伊藤〕と就職者に該当しないで、進路が未定の者」と定義されている「左記以外の者」の別称である。高卒無業者の多くは親に寄生(パラサイト)しながら、いわゆるフリーターになるが、その無業者の割合がついに一〇%に達した。神奈川県一五%、東京都一三%、大阪府一二%が示すように、大都市でその割合が高い。そしてこの無業者でも、普通科の卒業生がその七二%を占めている(予備校通い浪人生は専修学校一般課程入学者で、無業者ではない)。この無業者の増加は、子どもの世界に「仕事からの逃走」が起こっていることのシグナルなのである。

文部省は、一九九四年四月に普通科でも専門学科でもない第三の学科として、高校に総合学科を新設した。総合学科では、選択科目の取り方によって進学にも就職にも対応できるようになった。また「産業社会と人間」という一般的な職業教育科目も必修とした。この学科新設は、従来の高校の学科編成がすでに現実の変化に適合できなくなっていることを事実上認めたことである。そうであればもっと大胆に、入口での高校入試の廃止と、出口での一般的な職業教育の導入によって、子どもたちのなかに起こっている二つの「逃走」に対処すべきである。

最後に学卒就職者の離職について、一言しておく。最近「七五三離職」という言葉を見つけた。中卒の七割、高卒の五割、大卒の三割が、就職後三年以内に離職しているという意味である(『日本経済新聞』二〇〇一年一月三一日)。大学院修了者の増加と教員採用の抑制のため、大卒者が就く職種も以前に比べて全体的に悪くなっている。それが離職率の高さに反映しているとみて間違いない。

## 3 解決策——リカレント教育の確立を

教育改革国民会議は、二〇〇〇年一二月の報告で様々な提言をおこなっているが、そのなかに、プロフェッショナル・スクール(高度専門職業人養成型大学院)の設置と「職業観、勤労観を育む教育」の推進がある。前者は「政治、経済、環境、科学技術、その他新しい分野で世界をリードしていく識見を持ったリーダー」の養成のためのもので、これは「産業技術立国」をめざして着実に進んでいる。後者は若年層における職業観、勤労観の希薄化に対する危機感からの提言だが、たとえインターンシップを導入しても、現状の中学・高校を前提とするかぎり、その成果は乏しいだろう。以下、産業界の動きのなかから、教育と労働との交替性の回復を考えてみたい。

日経連は一九九五年の『新時代の「日本的経営」』で、企業は複線型人事体系を構築し、必要に応じて、①長期蓄積能力活用型グループ、②高度専門能力活用型グループ、③雇用柔軟型グループの三タイプの雇用形態を組み合わせるだろうという見解を発表した。①のみがコアの正規雇用者で、あとの②は高度派遣労働者、③は一般派遣労働者、非正規雇用者、フリーター等であろう。これは雇用流動化促進策だが、現実はすでにこのようになりつつある。

日経連は一九九九年になって、企業が終身雇用を保障しない代わりとして、エンプロイアビィリティ（雇用されうる能力、転職可能な能力）を、つまり「他社でも通用する技能を身につける教育訓練を提供するという労使関係の新しい社会契約」を提言した。IT革命のなかでの雇用の流動化の切り札がエンプロイアビリティだというのである。しかし、エンプロイアビリティが必要なのは、さきの①②のグループだけでよいはずで、③のグループは「無知でも実直であってくれればよい」とでもいうのだろうか。これが財界の本音だろう。

日本の産業（特に製造業）の強みは、労働者の平均的な能力が高く、その層が厚かったことにある。これを可能にしたのは、大企業での長期雇用を前提とした企業内教育による技能者の養成と、中小企業での職人芸の習得なくしては独立できないという現実であった。これらは、平均的に高い中学・高校の教育のうえに成立していた。いまこの基盤が学校で、そして職場で崩れている。モラトリアム、パラサイトが現代の日本の若者を特徴づける言葉となっている現実は、一昔前までの常識であった教育と労働との交替性の崩壊を白日のもとにさらした。

子どもの世界にも大人の世界にも、この交替性の原則を回復する必要がある。そのためには、最初に紹介したスウェーデンに学んで、リカレント教育の原理を一部取り入れることが重要である。

教育の面からいえば、高卒就職者の処遇の改善、勤労成人の大学入学を促進する有給教育休暇制度の確立、公的な成人教育機関の整備、学校教育と成人教育をリンクする補償教育の確立、高等教育機関に対する政府支出の大幅な増額で、これらは緊要な改革課題である。

ポイントは二点で、一点は高卒後いったん就職しても必要に応じて大学に進学するルートを広げることなしには、雇用内容と教育レベルとのギャップを解消しながら、教育と労働との交替性を回復することはできないということだ。もう一点は、そのためにも日本の高等教育における異常ともいえる親の教育費負担を軽減することである。大学改革の最大のネックは、高等教育に対する公的責任を放棄したかのような低い財政支出が続いていることにある。高い授業料と生活費は教育の機会均等を奪っている。国による学生ローン制度を新設して、学生が出世払いを担保にして、もっと自己責任をはたす仕組みをつくるべきである。自分で費用を負担すれば、まさか遊んでばかりはいられないはずだ。

労働の面からいえば、転職が生涯所得にとってプラスになるような社会を構築しなければ、リカレント教育型の生涯学習社会は実現しない。これまでの日本の職能給賃金では、転職は生涯所得にとってマイナスであることが多かった。木下武男は「男女共生時代の賃金三原則」として、①男性世帯主賃金から男女共の個人単位賃金へ、②「年功」基準賃金から「仕事」基準賃金へ、③生活できる賃金水準へを提言している（同『日本人の賃金』平凡社、一九九九年）。男性も女性も個人としてきちんと働ける社会を構想するためには、公的な社会保障制度の充実が不可欠である。リカレント教育の確立とは、実はこのような社会の建設なしにはあり得ないのだろう。

政府・財界の教育改革では、教育における競争原理の導入も提言されている。だが、教育改革において最も重要なことは、教育と労働（仕事）との繋がりを子どもも大人も生活のなかで実感できることではないのか。エンプロイアビリティは、ＥＵでもスウェーデンでも強調されている言葉だが、それはすべての人に必要な能力であって、特定の選ばれた人だけがあればよいというものではない。また転職可能な能力という意味だけでもない。能力は各個人の財産だからである。

リカレント教育の確立と、それによる教育と労働との交替性の回復という私の「構想」は新しいものではないが、原理的に考えると納得のいくものではないだろうか。

# 二一世紀の企業像を考える

奥村　宏

二一世紀の経済社会を構想するためには、二〇世紀の社会主義はなぜ失敗したのか、という反省から始めなければならない。これまでの資本主義対社会主義という体制論には大きな忘れ物があった。それは資本主義にせよ社会主義にせよ、その体制を支えている企業のあり方をどうするか、ということであった。二〇世紀の社会主義が失敗したひとつの大きな原因は、国有企業の行き詰りにあった。大企業体制をそのままにして、株式会社を国有企業にすれば社会主義になるという幻想は見事に破産した。二一世紀はそのことの反省から出発しなければならない。

具体的には大企業体制を解体して分権化していくこと、そして株式会社のあり方を根本的に変えていくことが必要である。そうすることによって二〇世紀の巨大株式会社に代わる新しい企業を作り出していくこと、それが二一世紀の経済社会の最大の課題である。

おくむら・ひろし
1930年生まれ
前中央大学教授
専攻：企業論
『21世紀の企業像』岩波書店，1997年
『大企業解体論』ダイヤモンド社，1999社
『株式会社はどこへ行く』岩波書店，2000年

## 1　資本主義対社会主義の体制論

二〇世紀は戦争と革命の時代であった。

二度にわたる世界大戦で多くの人が殺され、人類はじまって以来の不幸を経験した。第一次大戦、第二次大戦、そしてその後も何回か戦争が繰り返され、原子爆弾という大量殺人のための武器が使われ、いまだに世界の大国はそれを捨てようとはしない。

二〇世紀の革命はなによりも一九一七年のロシア革命から始まり、東ヨーロッパから中国、さらにキューバやベトナムなどに及んだ社会主義革命であった。革命によって資本主義から社会主義に転化していく、それが人類の新しい社会を作るものだと多くの人は信じ、そのために命をかけた人も多い。

しかし、一九八九年のベルリンの壁崩壊、そしてそれに続くソビエト連邦の崩壊によって社会主義の敗退は誰の目にも明らかとなった。もっとも、日本のマルクス経済学者の中には「社会主義は敗退したのではない、ソ連は社会主義ではなかった」と言う人もいるが、それは観念論でしかない。現実に存在した社会主義が敗退したことを認めるところから出発しなければ、それこそ歴史から何ものも学ばなかったことになるだろう。

一方、社会主義の失敗は資本主義の勝利であり、これで「歴史は終焉」したというような議論がアメリカや日本で生まれている。

「歴史の終焉」論は、言うまでもなくアメリカ国務省の役人であった日系三世のフランシス・フクヤマによって一九九二年に主張されたものであった。ヘーゲル哲学によったというこの奇妙な議論は本の題名で人の目を惹いたかもしれないが、およそ無内容なものであった。

このF・フクヤマの議論が忘れられた頃、似たような議論が日本人、それも東京大学教授によって唱えられている。

「〝近代〟再考――限界と可能性」と題した『日本経済新聞』の「やさしい経済学」という欄に載った論文で、東大教授岩井克人氏は次のように書いている。

「ユートピアは消滅した。それは、人類にとって、もはや資本主義の先に来るべき社会はないこと――我々の手持ちのカードは、おそらく未来永劫にわたって、資本主義だけであることを認識させることになったのである」(『日本経済新聞』二〇〇一年一月一五日付)。

これはF・フクヤマと同じような資本主義勝利論であっただけでなく、資本主義は未来永劫なのだから、人類の歴史は資本主義とともに終わるという「歴史の終焉」論といえる。

「で、それがどうしたの」というのが、素直な印象なのだが、岩井氏は先きの観念論的マルクス経済学者と同じように、現実から何ものも学ばなかったのではないか。もともとそのために論文やエッセイを書くことは無駄ではないか。ただひとこと「資本主義は勝利した、以下略」でよいのではないか。

資本主義対社会主義という体制論はこのように虚妄な議論になっており、それは観念の遊びとしては面白いかもしれないが、このような議論からは何ものも生まれてこないだろう。

## 2　企業のあり方を不問にした結果

われわれが二一世紀の経済社会を構想するためには、以上のような虚妄な資本主義対社会主義という体制論をやってもそこからは何ものも出てこないだろう。

そうではなくて、二〇世紀の社会主義はなぜ失敗したのか、そして現在の資本主義はどのような矛盾を抱えているのか、ということを経済社会の現実のなかから検証していくことこそが必要なのである。

そこで二〇世紀の社会主義がなぜ失敗したのか、ということを以下考えていくのだが、同時にこのことは資本主義がどういう矛盾を抱えているのか、ということにもつながる問題である。

社会主義、とりわけソ連や旧東ヨーロッパ諸国のそれが失敗した大きな原因は企業のあり方にあったと思われる。端的に言えば、社会主義とは革命によって企業を国有化することだと多くの人によって考えられていたのではないか。社会主義、さらにはその到達点としての共産主義が、生産手段を私的所有から社会的所有に転換することであり、そしてそれは具体的には企業を国有化することであると考えられていた。

もちろん、日本のマルクス経済学者の中にはそのような議論は俗論であって、マルクスを曲解するものだと言う人が多いだろう。しかし問題はマルクスをどう解釈するか、ということではなく、現実に存在した社会主義がどういうものであったのか、ということである。それにはマルクス解釈学、いや訓詁学は何の役にも立たない学者の遊びごとでしかない。

「ソビエトプラス電化が社会主義だ」と言ったレーニンも、おそらく大企業を国有化すれば社会主義になる、あるいは社会主義になるためには企業の国有化が必要だと考えていたのであろう。

革命によって権力を取った社会主義政府が企業を国有化すれば、当然のことながらその企業は国家独占になり、巨大な規模になる。その独占的大企業は必然的に官僚組織になり、上からの指令で労働者を働かせるものになる。

そこでは人民、すなわち消費者のニーズは無視され、上から計画された無用なものが大量に作られていく。市場メカニズムなどというものはそこでははたらかない。

これでは国家社会主義、すなわちナチス経済と同じことになるのだが、このような国家独占的大企業の非能率性が一九七〇年代以後、誰の目にもはっきりとあらわれるようになった。

社会主義はこうして企業のあり方をどうするか、というところで失敗したのである。そこで利潤概念を導入したり、市場メカニズムをはたらかせようという改革が行なわれたが、企業そのもののあり方を変えようとはしなかった。これが社会主義の失敗を招いたのである。

同じように資本主義国でも七〇年代以後、企業のあり方が大きく問われるような事態が発生した。七〇年代の〝石油危機〟のあとアメリカやヨーロッパ諸国がスタグフレーションにおそわれ、そこで大企業が大企業病にかかり、そのためにリストラクチャリングが大規模に行なわれた。

そしてイギリスを先頭にして、ヨーロッパ諸国では国有企業の私有化（プライバタイゼーション）が行なわれ、日本にもそれは及んだ。民間大企業のリストラクチャリングと国有企業のプライバタイゼーション、これらはいずれも企業のあり方を変えることを意味することはいうまでもない。そしてそれが一時的に効を奏し、部分的に成功したところから九〇年代になってアメリカ、イギリスなどの経済は相対的に回復したかにみえる。しかし問題の根本は解決していないので、いずれその矛盾が爆発することは避けられない。現にアメリカでは株価下落とともにそれが表面化しようとしている。

こうして二一世紀には企業のあり方をどうするか、ということが人類にとっての大問題になるだろうと考えられる。これまで人類はじまって以来、生産や流通、サービスなどの経済活動の単位としては家族と企業しかなかったが、これは二一世紀になっても変わらないだろう。そして問題は、その家族のあり方と企業のあり方がどう変わるか、ということである。少なくとも企業のあり方は二〇世紀とは大きく異なったものになることはほぼ間違いない。

## 3 大企業解体

冒頭で二〇世紀は戦争と革命の時代であったと言ったが、経済社会的にみれば、二〇世紀は大企業の時代であったということができる。

一九世紀の産業革命によって大量生産の技術的基礎ができたが、製造工業において大量生産、大量販売の原理が本格的に確立するのは二〇世紀になってからである。それは一九〇一年のUSスチールの成立、一九〇八年のフォードT型車の登場に象徴的にあらわれているが、「規模の経済」がはたらくことによって大量生産をすればコストが安くなり、大量に販売できる。そこでますます大量生産をする、というような好循環が形成される。

そして大量生産、大量販売をするためには企業の規模を大きくしなければならず、大企業がそれには最も適合的であるということになる。

一方、大量生産、大量販売による「規模の経済」が最も有効に作用するのは重化学工業の分野である。一九世紀のリーディング・インダストリーが繊維産業のような軽工業であったとするなら、二〇世紀のそれは鉄鋼業や化学工業、そしてとりわけ電機工業や自動車工業であったが、そこでは大量生産、大量販売の原理が確立し、大企業がその担い手になった。

こうして二〇世紀は大企業の時代となったのであるが、七〇年代ごろからそれが壁に突き当たる。先きに述べたように、社会主義の国有企業が行き詰ったのとほぼ同じ時期に、実は資本主義の大企業システムも壁に突き当たっていたのである。

二〇世紀の大企業時代をリードしたのはいうまでもなくアメリカだが、そのアメリカでは六〇年代から七〇年代はじめにかけて第三次合併運動がコングロマリット合併という形で進行した。それは「規模の経済」を求める動きが限界に達したところから一転して「範囲の経済」を求めて大企業が合併、買収を行なったものであるが、しかし範囲を拡大することは、規模を大きくすることと同じように大企業の組織を大きくすることにつながる。

ところが七〇年代になってアメリカ経済がスタグフレーションに陥るとともに、コングロマリット合併をした大企業が破綻し、脱コングロマリット化が行なわれる。

こうして大企業体制の矛盾が爆発し、A・チャンドラーはこれをもって経営者資本主義の危機だと言った（『スケール・アンド・スコープ』最終章）。

そして八〇年代になると大企業のリストラクチャリングが大規模に行なわれる。企業のリストラクチャリングは日本語では「資産の再構築」と訳されているが、企業が不要な部分を売りとばし、必要な分野に集中していくということであり、それはまさに大企業のあり方を再構築しようとするものであった。

チャンドラーの指摘を待つまでもなく、アメリカの大企業は規模と範囲を拡大しすぎたことによって組織が肥大化し、管理不能状態に陥っていた。ひとことで言えば大企業病にかかっていたのである。

それにはさらに産業構造の変化、すなわち脱重化学工業化ということが作用していた。アメリカだけでなくヨーロッパや日本の産業構造が七〇年代以後、情報化、知識集約化し、広い意味でのサービス産業化していることはいうまでもない。そしてポスト・モダンといわれる風潮の中で個人のニーズが多様化し、もはや画一的な商品を大量生産しても売れなくなった。

二〇世紀末の先進国はこういう状況にあるが、そこから脱却していくためには大企業のあり方を変えていく以外にはない。大企業を解体し、分権化を進めることが必要である。日本でも分社化、別社化、あるいはカンパニー制や持株会社制度の利用によって大企業を分権化しようという動きが出てきているが、しかし日本では分社化、別社化した企業を親会社が上から統一的にコントロールしようとしており、真の意味の分権化にはなっていない。

一方、このような分権化の動きに対抗して、合併、買収によってさらに規模を拡大しようという動きがみられる。とりわけ多国籍企業がこのような方向を歩んでいるが、おそらく二一世紀の前半にはそれらは大きな壁にぶち当たるだろう。

二一世紀の大きな方向は大企業を解体し、分権化した企業がそれぞれ自立化し、それらが他の企業と有機的、機能的にネットワークを組むという形になっていくと思われる。

## 4 株式会社の矛盾

二〇世紀は大企業の時代であるとともに株式会社の時代であった。そこで両方を合わせて巨大株式会社の時代ということができる。

近代株式会社制度が確立したのは一九世紀なかばのイギリスにおいてであるが、製造業の大企業に株式会社制度が普及するのは二〇世紀になってからで、その代表がアメリカであることはいうまでもない。

株式会社の特徴は全社員(=株主)が有限責任であること、そして株式の売買が自由であるということである。これによって株式会社が巨額の資金を集めることができ、会社の売買も可能になった。その結果、株式会社形態をとることによって大企業は巨大企業になったのであり、資本主義がこれによって飛躍的に発展したことはいうまでもない。

しかし株式会社という制度は原理的に大きな問題を抱えていた。アダム・スミスが『国富論』で株式会社制度を批判したことは有名だが、近代株式会社制度が確立する段階でもイギリスでは強力な反対論があった。しかしその後の資本主義の発展、そして株式会社の発展のなかでこの批判論は忘れられていった。ところが二〇世紀の七〇年代以後、株式会社制度の欠陥が大きな問題になってきた。株式会社の特徴のひとつが全社員有限責任であることは既に述べた通りだが、全員が有限責任であるということは、最後に責任を持つ者がいないということである。

具体的に株式会社が巨額の赤字を抱えて倒産した場合、株主は持っている株券はタダになるが、それ以上の責任を持たない。そこで国家が公的資金でこれをカバーするか、あるいは国有化するということになる。このような無責任な株式会社の存在は社会的に認められない。こういう形での株式会社の国有化、あるいは公的資金の投入ということはヨーロッパでも日本でも行なわれているが、これは株式会社制度が社会的に認めうるものか、という問題を提起している。

そして株式の売買自由という原則によってアメリカでは盛んに会社乗取り、会社の売買が行なわれたが、これは会社そのものを投機の手段にするものである。

近代株式会社は株主主権を原理としており、株主総会が最高の意思決定機関ということになっている。

しかしこの原則は崩れてしまった。すでにアメリカでは一九三二年にA・バーリとG・C・ミーンズが『近代株式会社と私有財産』で明らかにしたように、株式分散によって、株式を所有していない経営者が会社を支配するようになっていた。

ところが一九七〇年代になると、株式所有が機関投資家に集中するようになり、今度は自分では株式を所有していないファンド・マネージャーがあたかも大株主のように振る舞うようになった。そして日本では法人が大株主になり、相互に株式を持ち合うが、そこでは自分では一株も所有しない経営者が会社を支配するようになった。

世界的にみて近代株式会社制度は一九世紀なかばに確立したあと、二〇世紀の前半に株式分散による経営者支配へと第一の変質をとげた。そして二〇世紀の後半に今度は機関投資家と法人への株式所有の集中という形で第二の変質をとげ、もはや古典的な株式会社とは似ても似つかないものになっている。

そこでは株主主権のタテマエは崩れ去り、そして株主有限責任の原則が社会的に正当性を疑われるようなものになり、また会社自体が投機の道具にされるようになった。

さらに環境問題やセクハラ問題、あるいは企業犯罪などにみられるように、企業の社会的責任が大きな問題になり、株式会社といえども社会的責任ということを無視しては存在していけなくなった。ところが株主主権の原則に立つ古典的な株式会社観では、株主の利益最大化だけが会社の目的であり、社会的責任などということは株式会社の原理に反することである。ということは、逆にいえばこのような株主主権の原則に立った株式会社はもはや社会的に存在を許されなくなっているということである。

このようにそのタテマエと大きく異なっている株式会社をどのように変えていくのか、これが二一世紀の課題である。日本で流行している「株主重視の経営」、「株主資本主義」という主張は株式会社の歴史を忘れ、その実態を無視したイデオロギーでしかない。

そこで二一世紀には株式会社のあり方を変え、社会的責任を果たせるような企業にすること、さらに株主よりも従業員の立場を尊重するような企業にしていくことが肝要である。それは株式会社の改造であるとともに、株式会社に代わる新しい企業を作り出していくということでなければならない。

## 5 経済学の破産

以上のように、二一世紀には巨大株式会社に代わる新しい企業を作り出していくことが求められるが、それにはなにより日本人、とりわけ経済学者たちが大企業信仰、株式会社信仰から脱却することが必要である。

マルクス経済学者は独占不可避論を唱えることで逆に大企業信仰を植えつけ、株式会社信仰をあおってきた。一方、新古典派経済学者たちは株式会社は株主のものであるという素朴な法人擬制説に立って、株式会社の実態とは全く遊離した議論をアメリカから輸入して学生に教えている。そして政府の「御用学者」になっている人も多い。

このような経済学者のあり方を根本的に改めて、出直さない限り、経済学は単なるスコラ学か、あるいは宣伝の道具になってしまうだろう。いや、現にそうなっているといってよい。

二一世紀の経済社会を構想するためには、少なくとも日本の経済学が破産しているということを認識して、出発点から出直す以外にないのではないか。

# 緑の社会主義

長島誠一

二一世紀に入った歴史としての現代において私は、目標とすべき現実的な社会主義像を思索している。その際の私の問題意識はつぎのようになる。第一に、考察の出発点を戦後の日本資本主義におくこと。日本資本主義の構造と発展過程にそくして、その中に潜在的に部分的に形成されてきた運動や思想や組織を念頭において構想しよう。第二に、マルクスの「新しい社会」(社会主義・共産主義)像を踏まえることは大切であるが、一九世紀に認識したマルクスの言及に安住することはできない。これからの社会主義は、マルクスそのものの未展開部分の創造的展開、マルクスが本格的に扱っていなかった問題の発掘、そしてマルクス自身の予想の限界や誤りを正面から取り上げる姿勢が必要である。第三に、マルクス主義が正面から扱うことを避けてきた問題(「マルクス主義のアキレス腱」)、たとえば、民族・国家・ナショナリズム論などを構築することなしには、二一世紀社会主義は説得力に欠けることになるであろう。本稿では、こうした「マルクス主義のアキレス腱」に果敢に挑戦した高島善哉の業績

ながしま・せいいち
1941年生まれ
東京経済大学経済学部教授
専攻：経済理論
『経済学原論』青木書店, 1996年
『景気循環論』青木書店, 1994年
『現代資本主義の循環と恐慌』岩波書店, 1981年

を意識的に紹介する。(1) 第四に、二一世紀のグローバル化した世界資本主義の抱えるさまざまな矛盾を考えると、自然と人間と社会を主体としての人間を核として総体的に把握することが要請されているといえる。こうした壮大な人類史的な視点で歴史を見る見方こそ、私は、マルクスやエンゲルスの世界観である弁証法的唯物論（唯物史観）にほかならないと考える。私は唯物史観の復権とその創造的な発展を訴えたい。

私の構想する社会主義は、自然と共生し、多民族・多文化が共存し、自由な諸個人が連合し男女が愛し連帯し、農村と都市と国家が有機的に結合している市民制社会である。紙数の制約があるので、本稿では最初の自然との共生（緑の社会主義）を論じることにする。(2)

## 1　人類・生命のグローバルな危機

宇宙飛行士の証言によれば、この地球は緑豊かな惑星である。宇宙のどこかに生命が存在しているかもしれないが、最高の高等動物である人類が作り上げた高度の生産諸力と文明を持つ惑星は、地球のほかにはその存在が確認されていない。この宇宙船地球号とそこに生きる生命を破壊してしまってはならない。ところが愚かなことに、高度の生産諸力と文明を作りあげてきた人類は、この地球と生命全体を滅ぼしかねない危険性をも生み出してしまった。すなわち、第二次世界戦争中に開発された核兵器は今や世界各国に拡散し、それが実際に戦争で使われたり、あるいは偶発的に爆発したなら、この地球は消滅してしまうほどになっている。さらに今日の資本主義社会と過渡期社会（旧ソ連や中国などの国々）が生み出した生産力とその消費様式は、オゾン層の破壊や地球温暖化現象などのさまざまな地球的規模の環境破壊を引き起こし、生命そのものが全滅ないしそれに近い打撃を受けかねないほどの危機（生命危機）をもたらしている。

## 2 マルクスとエンゲルスにおける自然と人間――唯物史観と生態史観

こうした環境破壊は、生態系のバランスを破壊するほど自然を変えすぎた結果であり、「自然からの報復」に直面していることにほかならない。生産力と生産関係の対応（対立と統一）を重視したマルクスやエンゲルスには、自然の意識的計画的統御という考えがあった。若干引用してみると、

歴史の教訓は、これとは別な農業の考察によってえられるものであるが、それは、ブルジョア的システムは、合理的な農業の妨げになるということである。言い換えれば、この農業はブルジョア的システムとは両立せず（……）、それは小さな自作農の手か、または、アソシエイトした生産者たちの統御（……）かを必要とするということである。(3)

合理的農業は当然自然力の合理的使用とその保全を前提にしているが、そうした合理的農業は社会主義での意識的統御によって可能となる。また、自然と人間との物質代謝過程について、

……、社会化された人間（……）、アソシエイトした生産者たち（……）が、自分たちと自然とのこの物質代謝を、盲目的な力としてのそれによって支配されることをやめて、合理的に規制し自分たちの共同的統御のもとに置くということ、つまり、力の最小の消費によって、自分たちの人間性に最もふさわしく最も適合した諸条件のもとでこの物質代謝を行うということである。(4)

生態系破壊の根元は、資本の利潤原理による「盲目的・無政府性的」生産にある。マルクスは、こうした生産を社会主義下の「合理的・共同統御」によって解決すべきだと考えていたといえる。しかし文献考

証をした大谷禎之介氏も注意しているように、生産過程の意識的計画的統御それ自体は前提ないし手段であって、自然と社会への人間の主体的かかわり全体こそが社会主義では問題にされなければならない(5)。

エンゲルスは自然と人間との共生関係について次のように洞察していた。

とはいえ、われわれは、自然にたいするわれわれ人間の勝利をあまり喜んでばかりもいられない。このような勝利のつど自然はわれわれに報復する。／われわれはけっして、他民族を支配する征服者のように、自然の外にたつ者のように、自然を支配するのではない。／そうではなく、われわれは肉と血と脳とをもって自然に属し、自然のまん中に立っているのだ。そして、自然にたいするわれわれの全支配は、すべてほかの生物にまさって自然の諸法則を認識し、正しく応用することができる点にある(6)。

エンゲルスは「自然の中の人間、人間の中の自然(7)」としての自然と人間との相互関係として、したがって共生関係として理解していたといえる。

## 3　日本の緑の危機と緑の革命の必要性

「国破れて山河あり、城春にして草木深し」(杜甫)という詩があるが、敗戦によってその山河も大々的に破壊された。戦時中からの過剰伐採によって山林が荒廃し、それによる自然災害が急増したのであった。一九四四―四八年間の過剰伐採面積は一〇七万六千町歩におよび、山林面積二〇五六万九千町歩の五・二％になる。伐採運搬に便利な里山は、ほとんど伐採しつくされんとし、林相は悪化した。その後、国土緑化運動が起こり、緑の羽募金や愛鳥週間が設定されて山林の意義が再認識され、植林が活発に行われた。

その結果、植林面積は伐採面積を上回るようになった。植林運動が一段落した一九六〇年において、日本の総土地面積に占める林野の率は六九％にもおよぶ。その後の国土開発（工業化、商業化）によって林野率は若干低下し、一九九〇年には六七％になる。[8] この七割近い土地を占める樹木や草が自然災害の予防と環境保全に果たしている役割は非常に大きい。ところが、日本の高度経済成長は林業を衰退させさまざまな公害を生み出してしまった。一九八〇年の造林面積から伐採面積を差し引くと（間伐面積をのぞく）七万二九八三ヘクタール（町歩）であったのに、バブル崩壊直後の一九九〇年にはマイナス三万六三三三ヘクタールとなり過剰伐採に逆転してしまっている。[9] しかも伐採されている山林は圧倒的に天然林が多い。造林された人工林が増えていることになるが、つぎに指摘するように単に面積という量的な問題だけではない。

輸出産業を中心とした最新鋭の重化学工業を建設していった日本の高度経済成長は、林業に大打撃を与えた。経済復興期には住宅不足を解消するための木材需要が旺盛であったが、高成長期になり輸出が本格的に伸びるようになると、輸出の見返りとして農林水産物が輸入されるようになった。政府は農産物については農業保護政策を実施し農産物の自由化を遅らせたが（自由化は一九八〇年代に本格化する）、木材については外材を大々的に自由化し、安い外材の圧力を受けるようになった。他方で高度成長期に製造業などの賃金が上昇したのを反映し、林業労働もコストが高くなっていった。このようにコスト上昇と木材価格の低下に挟撃されて、林業経営が悪化した。そのために、国有林の経営は赤字が継続し、林業経営をかねる木材業者は倒産し、農家所有の山林は労働力が投下されなくなってきた。せっかく国土緑化運動によって植林された山林が、間伐期を迎えても間伐しても採算が合わないことになった。山林は手入れをせ

**表1　森林の転用用途別面積**　（単位：10ha）

| 区　　分 | 計 | 工　場・事務所用地 | 住宅用地・別荘地 | ゴルフ場・レジャー施設等 | 農用地 | 公共用地 | その他 |
|---|---|---|---|---|---|---|---|
| 1）1975.4～1980.3 | 12,221 | 644 | 1,108 | 1,514 | 6,048 | 1,702 | 1,206 |
| 2）1980.4～1990.3 | 23,175 | 1,777 | 1,908 | 3,610 | 8,668 | 3,757 | 3,454 |
| 北海道 | 6,849 | 145 | 37 | 175 | 5,019 | 563 | 911 |
| 東北 | 4,279 | 339 | 303 | 348 | 1,704 | 929 | 656 |
| 北陸 | 1,085 | 110 | 40 | 287 | 209 | 250 | 190 |
| 関東・東山 | 3,473 | 375 | 488 | 1,274 | 391 | 373 | 572 |
| 東海 | 1,845 | 226 | 291 | 426 | 249 | 471 | 184 |
| 近畿 | 1,385 | 99 | 250 | 370 | 180 | 257 | 231 |
| 中国 | 1,527 | 255 | 158 | 229 | 227 | 393 | 265 |
| 四国 | 451 | 33 | 34 | 100 | 94 | 107 | 82 |
| 九州 | 2,090 | 193 | 299 | 366 | 514 | 362 | 356 |
| 沖縄 | 192 | 2 | 10 | 36 | 81 | 54 | 9 |

注：1）は，5年間の計である。2）は，10年間である。
出所：農林水産省統計情報部『農林水産統計』（平成12年版）農林統計協会，2000年，339頁。

ずに放置され、いわば人工林が自然林化するようになった。林相はモヤシのような杉や檜が乱立するように変化し、藤の蔦が山林全体に覆い被さるようになった。モヤシのように成長した樹木は台風が襲来すれば倒木となり、大雪となれば雪折れになる。いまや日本の森林は戦後に植林した人工林を中心として荒廃しているのである。

このようにせっかく戦後植林した森林が放置され荒廃化しているばかりではない。さきに指摘したように林野率が若干低下してきていることにも示されているように、森林が林業からほかの業種に転用されるようになった。表1は、一九七五年四月―一九八〇年三月、一九八〇年四月―一九九〇年三月間の森林の転用用途別面積を示す。この期間全体を通じて、農用地への転用が一番多く、つづいて公共用地であるが、第三位はゴルフ場・レジャー施設等、第四位が

**表２　耕地の拡張・かい廃面積**

(1)　田　　　　　　　　　　　　　　　　　　　　（単位：ha）

| 年次 | 拡張 | | | | | かい廃 | | | |
|---|---|---|---|---|---|---|---|---|---|
| | 計 | 開墾 | 干拓・埋立て | 復旧 | 田畑転換 | 計 | 自然災害 | 人為かい廃 | 田畑転換 |
| 1975 | 15,400 | 4,800 | 3,730 | 1,220 | 5,630 | 54,100 | 370 | 48,800 | 4,900 |
| 1980 | 827 | 150 | 205 | 275 | 197 | 27,000 | 370 | 20,300 | 6,290 |
| 1985 | 1,080 | 91 | 2 | 411 | 578 | 20,300 | 209 | 14,900 | 5,210 |
| 1990 | 225 | 13 | 3 | 193 | 16 | 22,200 | 904 | 18,000 | 3,350 |
| 1995 | 1,250 | 42 | 8 | 1,040 | 168 | 20,400 | 1,080 | 17,300 | 2,040 |
| 1997 | 202 | 48 | — | 68 | 86 | 23,100 | 103 | 19,800 | 3,150 |
| 1998 | 232 | 3 | 0 | 102 | 127 | 22,500 | 47 | 19,000 | 3,460 |
| 1999 | 1,990 | 6 | — | 1,900 | 91 | 21,900 | 2,420 | 16,200 | 3,270 |

(2)　畑　　　　　　　　　　　　　　　　　　　　（単位：ha）

| 年次 | 拡張 | | | | | かい廃 | | | |
|---|---|---|---|---|---|---|---|---|---|
| | 計 | 開墾 | 干拓・埋立て | 復旧 | 田畑転換 | 計 | 自然災害 | 人為かい廃 | 田畑転換 |
| 1975 | 41,400 | 36,200 | 131 | 143 | 4,900 | 45,400 | 87 | 39,700 | 5,630 |
| 1980 | 37,500 | 30,700 | 361 | 120 | 6,290 | 24,500 | 106 | 24,200 | 197 |
| 1985 | 23,700 | 18,200 | 226 | 43 | 5,210 | 21,700 | 43 | 21,100 | 578 |
| 1990 | 14,900 | 11,000 | 457 | 30 | 3,350 | 28,200 | 143 | 28,000 | 16 |
| 1995 | 6,650 | 4,530 | 34 | 47 | 2,040 | 32,100 | 33 | 31,900 | 168 |
| 1997 | 6,150 | 3,000 | 0 | 6 | 3,150 | 28,000 | 18 | 27,900 | 86 |
| 1998 | 5,930 | 2,440 | 12 | 16 | 3,460 | 27,500 | 6 | 27,400 | 127 |
| 1999 | 5,540 | 2,210 | 0 | 65 | 3,270 | 24,500 | 112 | 24,300 | 91 |

出所：表１の資料，115頁。

住宅・別荘用地になっていることに注目しよう。政府が進めた田中内閣期の「日本列島改造計画」、中曽根内閣のリゾート開発計画が反映されているのであり、緑を減らす宅地開発やゴルフ場開発とはいったい地域住民に何の恩恵を与えたといえるのだろうか。

　農業は、戦後の農地改革によって自作農化した農村を選挙基盤とする保守党政権のもとで、手厚く保護されてきた。高度成長の前期には稲作が奨励され、食管制度によって高く買い上げられた米が安く消費者に供給された。しかし、一九七〇年代後半の日本の集中豪雨型輸出が引き起こした日米経済摩擦の結果、アメリカの農産物自由化要求を一九八〇年代になると大々的に受け入れざるを得なくなった。そのために山間地農業を中心として稲作農家が危機に陥るような状態になった。もともと農業は、高度成長期から農業収入だけでは採算が合わなくなり、兼業農家化していった。政府の農政も稲作奨励から減反・休耕地化奨励政策へと猫の目のように変わっていった。その結果、耕地の拡張面積とかい廃面積の関係が逆転していった（表2）。田について見れば、一九七五年にはすでに拡張面積一万五四〇〇ヘクタールを大幅に上回る五万四一〇〇ヘクタールがかい廃されている。かい廃の中でも人為かい廃たる休耕田化が圧倒的に多い。この傾向は一貫してつづいている。畑は、一九八〇年と一九八五年には拡張面積が上回っているが、一九九〇年以降はかい廃面積が大幅に上回るようになってきた。農業全体が衰退化してきたのである。田畑の人為かい廃の多くは、休耕田に典型的にみられるように、放置されまさに「草木深し」の状態で荒地化している。

以上見てきたような森林と農地の荒廃は、日本の農村の自然（その圧倒的部分は森林と農地である）との伝統的な共生関係が破壊される危険性を生み出しているといえる。都市生活者は過密化によって自然を奪われ、農村生活者は山林と農地の荒廃によって自然の中で生きることを放棄せざるをえない状態にある。まさに自然と主体としての人間との共生関係が現代の日本においては破壊されているのである。またこうした農業・林業の衰退（採算悪化）は、その採算悪化をくい止めようとすれば、無機農業化を進めていかざるをえない。これはまた都市住民の健康に悪影響を与える。まさに緑の危機であり、生活の危機であることを認識しよう。

もちろんこうした危機を深く認識し、さまざまな抵抗運動が進められてきた。たとえば、農業の共同経営化、無機農業の実験、消費者と直接結びついた産地直送生産、脱サラリーマンたちによる農業・林業経営、森林作業のボランティア運動、間伐材の多目的利用方法の開発、山林所有・経営の共有化、地域産材木を利用しての家造り、など多種多様に展開されている。しかし、いまだに分散化した部分的な抵抗運動でしかない。経済至上主義のもとでの緑の危機から、自然との共生を目標とした緑の革命が必要なのである。核戦争や核の偶発的爆発が人類を破滅させる危険を生み出していると同時に、緑の危機は内部的に人類の危機を生みだしているのである。

(1)『高島善哉著作集』全九巻、こぶし書房、一九九七―九八年、を直接読まれたい。高島の業績を紹介し論じたものとして、渡辺雅男編『高島善哉――その学問的世界』こぶし書房、二〇〇〇年がある。この書物に、私が高島社会科学の今日的意義を論じた論文(「未完の社会科学――高島善哉が遺したものは何か」)が収録されている。
(2) 私の構想する二一世紀の社会主義像については、近刊予定の『戦後日本資本主義』(桜井書店)の第一〇章で論じる予定である。
(3) **MEW, Bd. 25, S.131.** 訳文は、大谷禎之介「社会主義とはどのような社会か」『経済志林』第六三巻第三号、六八頁、を使用した。以下同じ。
(4) *ibid.*, S. 828. 大谷論文、七〇―七一頁。
(5) 大谷禎之介「社会主義とはどのような社会か」一〇四頁、参照。
(6) フリードリッヒ・エンゲルス『猿から人間への移行における労働の役割』(岡崎次郎訳、世界の大思想Ⅱ-

五）河出書房、三八二―三八三頁。

（7）こうしたエンゲルスの理解と高島善哉の理解とは基本的に一致しているし、高島はそれを「生産力の理論」として展開した。

（8）農林水産省統計情報部『林業センサス累年統計書』農林統計協会、一九九三年、一〇―一一頁。

（9）同上書、一七二―一七五頁より計算。

# 二〇一四年とのチャット

松尾　匡

　これから日本の諸勢力は、グローバル化、市場自由化、規制緩和の一層の推進を求めるものと、反グローバル化、規制復活を唱えるナショナリスト勢力とに二分されていくだろう。その際、左派勢力が対応を間違えてナショナリスト側につくと大変なことになる。これからの右翼は、反米、反企業姿勢をとり、福祉や環境を行政的に重視することを打ち出すだろうから注意が必要である。間違えてナショナリストが政権を取ると、経済崩壊が起こらないように対処するうちに、なし崩し的に統制経済に移行するだろう。すると技術革新で成長する世界経済に置いていかれ、不満を外にそらせるために排外主義が吹き荒れる結果になるだろう。

　ネットを、どこをどうさまよっただろうか。へんなチャットのページらしきものに出た。「二〇一四年とのチャット」と書いてある。表題にそう書いてあるだけで、あとは何もない。誰も何も書き込んでない。

**まつお・ただす**
1964年生まれ
久留米大学経済学部助教授
専攻：理論経済学
『セイ法則体系――マルクス理論の性格とその現代経済学体系への位置づけ』九州大学出版会，1996年
『近代の復権――マルクスの近代観から見た現代資本主義とアソシエーション』晃洋書房，2001年
『はるかさんとラピート君の：入門今どきの経済――国家から市場へそして……』晃洋書房，2001年

へんなの、と思って、どうやってここから出ようか思案していたら、いきなり文字が打たれてきた。

「ようこそ、松尾匡君。」

え!? 何も入れてないのにどうして僕がこれを見ているのがわかるんだ? あっけにとられていると、続いて文字が出てきた。

「驚くのも無理はない。ここは『二〇一四年とのチャット』のページ。二〇一四年の自分と話すためのページなのだ。僕は一三年後、五〇歳の君だ。」

私はいったいどうしたらこのようなイタズラができるだろうかと途方に暮れた。しばらく頭が真っ白になっていると、また文字が出てきた。

「そんなことを急に言われても信じられないだろう。だったら信じさせてやろう。」と言う文章に続いて、僕にしか知りえない幼い頃からの個人的な情報が次から次へとつづられていった。もしこれがイタズラならば恐ろしいことである。その恐怖から目をそらせるためだろうか、たとえウソでもここはノッてやるのが粋というものだという気がしてきた。

「よしわかった信じよう。だとしたら聞きたいことはやまほどある。家のローンは無事払えただろうか。子供はグレずに育っただろうか。カミさんとは別れずにいるだろうか。それよりなにより、今勤めている愛すべき三流私立大学はつぶれずに続いているだろうか……」

「そんなことはどうでもいいではないか。もう、あと一〇年若い僕とコンタクトをとったら、もっと天下国家のゆくえを知りたがったはずだ。僕もずいぶんと小さくなったもんだな。だが一〇年前にはインターネットもなかったからしかたない。」

何を勝手なことを……と思っていたら、文章が続いてきた。

「個人的なことは、まぁ後回しにしよう。今後の政治経済の動きで、当面気になることはないかい。どの株の銘柄が上がるかと言うのはナシやで。」

「そうだな。政界再編というのはどうなっているだろうか。自民党政権はどこまで続くのだろうか。」

「なかなかいい質問だな。じゃあまずこの話題からいこうか。」


「まず話の前提になったのは、二〇〇×年に通った選挙制度改革だ。衆議院の比例代表議席を減らして定数削減するという自民党懸案のやつだ。しかし当然連立与党の公明党は反対するし、本来トクなはずの民主党もふんぎりがつかない。そこで出されたウルトラCが、小選挙区部分を『非拘束名簿式比例代表制で一議席を争う』という方式にするアイデアだ。」

「比例代表制で一議席とはどういうことだ?」

「わからないか。こういう制度になると各党はひとつの選挙区に各々個人候補を出したうえ、与党どうし野党どうしなどで政党連合を組んでそれで選挙用の政党登録をする。投票は個人候補に対してなされるが、政党連合ごとに得票を合わせて多い方に議席がいく。そして勝った政党連合の内部で一番得票の多い個人候補が当選するわけだ。すると例えば自民党候補より得票の少ない民主党候補が、他の野党候補の票のおかげで当選するということもあり得ることになる。ブロック選挙区では一人区での得票の合計をもとに各連合に議席を割り振り、一人区個人候補の落選者を惜負率の高い順に埋め込んでいく。だから有権者は一票しか投票しない。これは連合を組まない政党が圧倒的に不利になるための策だ。」

「共産党対策だな。いやでも民主党と組まざるを得なくなる。」

「その通り。このおいしい話に民主党が乗って可決された。中小政党は可決されても選挙で自民・民主と組まないと脅して抵抗したが、自民・民主はどうせいざ選挙になったら頭を下げてくるさとたかをくっていたんだな。ところが事態は思わぬ急展開をすることになる。ことの起こりは二〇〇△年、膨らんだ財政赤字のせいで、利子率が高騰しはじめたことによる。」

「そりゃ設備投資が落ち込んで不況になっただろう。利子率を上げれば資金が入ってきて景気がよくなると言っていた石原慎太郎の顔が見たいな。」

「いやそれがだ。日米金利差逆転かと言うとき、やはりアメリカは資金の流出が困るから日本になんとかしろと強烈な圧力をかけた。でもどうしようもなくて実際逆転が起こると、アメリカから日本に資金が向かうために急激な円高が起こった。一ドル五〇円に迫ろうという円高だ。それで輸出がダメになった上に、高金利で設備投資が落ち込み、工場の海外移転が激増したからこれはもう、戦後最悪の大不況、大失業だな。ところが高金利で期待した好景気にならなかった石原さん、反省するかと思いきや、それどころかアメリカが資金を日本に向かわせないために陰謀で円高をしかけ、本来好景気になるはずの日本をわざと不況にしたんだと吹聴したんだ。」

「そんなでたらめな経済論、まともに受け取るヤツがいるんかね。」

「いやそれがみんな信じちゃったんだな。まともな経済理論を説く者は『現実離れした新古典派』などとレッテルを貼られて相手にされなかった。日銀が円高止めるために円をじゃぶじゃぶ作って介入して、それを市場に流して利子率を押さえにかかると『アメリカに貢ぐマネーをあふれさせて日本をインフレにするもの』とよく意味のわからない批判をされた。まあインフレになっていったのは本当だが。さらにおりしも平壌政権が崩壊して脅威がなくなった上、韓国のホームドラマ流したりアダルトビデオ漬けにする目的で北朝鮮全戸にテレビとＶＴＲを配布したのを日本が負担させられて、それなのに利権はほとんど米韓にもっていかれたので、反米感情はかつてなく高まった。米兵の不祥事は相変わらず起こっていたしね。そんな状況を背景に、石原新党が旗揚げされたんだ。日米安保条約の解消を目指し、企業の海外移転や国際資金取引を厳格に規制することが公約に掲げられた。『同胞に福祉を。国土に緑を』がスローガンだったな。」

「まるで革新政党みたいだな。社共は打撃を受けたろう。」

「そりゃもう。それでなくても平壌政権崩壊後、向こうで辛酸なめてきた元在日の人達と家族が帰ってきてどんなひどい体制だったか証言するわ、在日の人達が総連に損害賠償訴訟起こすのが相次ぐわで、ワイドショーは連日にぎわっていたからな。共産党は八〇年代から朝鮮労働党と派手にケンカしてきたことを宣伝して、党名も『革新民主党』に変えたけど、ダメージは避けられなかった。しかし打撃を受けたのは左派だけじゃない。およそ全政党が激震に飲み込まれたんだ。石原新党が世論調査で軒並み民主党を抜いて自民党に迫る支持率を記録したために、新しい選挙制度のもとでこれと政党連合を組むかどうかということが、すべての党にとって重要な問題になった。そしてすべての党が割れたのだ。」

「すべての党？　自由党もキョウサ……いや革新民主党も？」

「そうすべてだ。議席のない新社会党まで割れた。自由党の小沢党首は断固対決と言ったけど、数人の側近以外はこぞって石原新党との連合に走って出ていった。かくして石原新党側の政党連合『国民連合』と、それに反対する側の政党連合『自由市民連合』に分かれて総選挙を迎えることになる。両方とも、旧自由党から旧共産党まで全旧政党系列をそろえているという大再編だ。」

「しかし安保観も何もかも違う者がよく連合できたな。」

「いや実は再編してみたらそっちの方がすっきりしていた。安保政策では国民連合は日米安保の将来的解消と独自自衛力の拡充を掲げた。海外派兵については原則反対し、アメリカや国連の言いなりになって出すのではなく、日本の国益を考えて独自に判断して対処することとした。それに対して自由市民連合は日米安保の当面の容認を掲げ、自衛隊を国連の平和維持組織の中に発展的に解消していくことを目指した。『国の戦力』ではないから憲法違反ではないというわけだ。その過程で国連の平和維持活動に派兵も含めて協力していくとした。経済政策では国民連合は必要な経済規制の復活やコメの再禁輸を掲げたのに対して、自由市民連合は一層の規制緩和を主張した。急を告げる財政問題については、国民連は外形課税など大企業を標的にした増税を打ち出したのに対し、自市連は防衛や公共事業も含む例外なき財政削減を掲げた。それでも必要な増税については、消費税の税率引き上げによる薄く広い負担を呼びかけ、それが負担にならないよう物価を下げるため、規制緩和・輸入自由化やIT効率化の推進をうたった。教育については、国民連は国家の教育責任を拡充し、特に知識教育を減らし徳育に予算をかけることを主張した。対して自市連は、最低限の知識を問う共通試験を公的に実施するほかは、学校の民営化・設立自由化・規制緩和を進めて市場にまかせ、低所得家庭には奨学クーポンを配付することで対処することを主張した。徳育については各学校が独創性をもって行うものを市民が選択する中から優れたものが育っていくものだとし、むしろ理系学力の衰退が産業の弱体化をもたらしているという危機意識から、共通試験での理系重視を唱えた。」

「う〜ん。たしかに大きな対立だ。」

「旧自由党系列などそれぞれの連合内の最急進派をなしたから、こんな人達がどうして一つの政党にいられたのか全く信じられないと言われた。」

「それで総選挙はどうなった?」

「国民連の圧勝だったよ。まぁ国民連には活動的な若手政治家が多く集まったのに、自市連の方は小沢さんやら土井さんやら代わり映えのしない長老が目立ったし、自民党の大部分が自市連側に流れて守旧派のイメージを与えたこともあるしね。しかし一番責任を問われるべきは旧左派系勢力の貢献だと思う。安保解消だとか反グローバリズムだとか大企業課税強化だとか企業への規制復活だとかいったスローガンにつられて国民連側についた諸党派に流れた政治家の方が、自市連側に行った者よりもずっと多かったのだ。新選挙制度では連合内党派間でいくら罵詈雑言言い合って批判しても、連合自体の得票にはひびかないし、むしろ票が掘り起こされていいくらいである。そう思って、歴史認識問題などでの石原新党の右翼体質は気に入らないけど、そりゃ批判すればいいやと、彼らは同じ連合を組んだわけだ。ところがこの選挙制度が恐ろしいところは、連合内中小政党がいくら内部批判をしたとしても、その掘り起こした票は連合内第一党の養分になるばかりということにある。自市連側は群を抜いた第一党が出なかったためにそんなことにはならなかったが、国民連側は結局石原新党の議席が大半を占めた。そうすると中小政党は石原新党から三くだり半をつきつけられると政党生命の危機にさらされることになる。かくして国民連合自体が急速に政党化していったんだな。その後次の総選挙で旧左派系国民連政党はすべて消滅した。転向してバリバリの右翼になって生き残っている政治家はいっぱいいるがな。」

「自市連の方はどうなっているんだ?」

「二党に集約されている。親米・親ビジネス派が進歩自由党、左派が協同党と名乗っている。もともと進歩自由党の方がずっと大きかったんだが国民連への転向者が相次いだので議席差は縮まっている。別れたら今度の選挙での共倒れが必至なので共闘関係が続いている。」

「では、国民連政権ができてどうなったんだ?」

「経済政策に関しては、政策の失敗に対処していくうちに泥縄式に統制経済に傾斜していっている。政権につく前、日銀が貨幣供給を増やしてインフレ傾向になり、円が下がりはじめた。国民連政権はこの事態を憂慮し、日銀側の抵抗を強引な人事介入で押し切って、高金利政策をとらせた。すると円高と設備投資減退のために、一時回復しかけた景気がまた落ち込んでしまった。企業は国内で設備投資せずに工場たたんで海外移転していった。政府は『アメリカの陰謀』と『国益を考えない大企業』をスケープゴートにして、外国為替取引の一時停止など、国際資本取引への規制をかけた。そして銀行や大企業の破綻が相次ぎ、外資によるその救済が検討にのぼると、政府は『国益の保護』を理由に介入し、国有化による救済策をとった。その際、経営責任をとらせるということで経営陣を一掃し、国民連の意にそう人事を行った。そうした上で国有銀行に公的資金を投入し、海外移転を計画している企業に融資面から圧力をかけさせた。企業は国際資本取引を規制されているためにそれにしたがわざるを得ず、海外移転計画を断念していった。

また、外国人労働者の追放策による三K労働力の不足と、財政難下進行する高齢化への福祉対応のために、若者の社会奉仕義務化が実現し、内閣府に置かれた社会奉仕庁のもと、国土保全救助隊、敬老福祉隊、産業勤労隊が作られて、若者は二年間どれかに入隊することになった。しかし福祉現場などで特に、低質な労働が目に余るようになり、自衛隊が四番目の選択肢となって、希望の隊で役にたたなかった者は強制的に自衛隊に入れられることになった。たぶん有事にはみな自衛隊行きだろう。」

「なしくずしの徴兵制だな。安保は本当に解消しようとしてるのか。」

「それだ。日米関係は経済政策をめぐって緊張していき、ついに政府与党で安保の廃棄が検討されだした。ちょうどそんなとき、第二次大戦中の日本軍による沖縄住民殺害について、閣僚から正当化発言が相次いで沖縄の反本土感情が高まった。沖縄の自由経済特区を経由して、本土で禁止された資金や財の取引がなされるのに業を煮やした政府が、特区の廃止を打ち出したこともあり、ついに沖縄独立を公言する知事が当選、県議会も独立を目指す決議を採択した。それを受けてアメリカ政府が独立を支持、知事も独立の暁には米軍駐留の継続を認めると応えた。これを見て日本政府は『沖縄独立はアメリカの陰謀』と反発し、対立は激化、そんな中、ちょっとした暴行をはたらいた沖縄駐留自衛隊員が住民にリンチ殺害される事件がおき、報復で日本全国で沖縄出身者が迫害される事態になった。在日外国人も同時に迫害を受けている。今『国会から外国の手先を一掃する』として解散がなされ、安保廃棄を争点に総選挙が行われているが、とうにマスコミが政府に統制されていることもあって、本当に野党は消滅しそうだ。」

「そんな恐ろしい世の中になるのか。」

「もうインターネットも使えなくなるかもしれないので、こうして君に警告しようと思ったんだ。まだ三〇代でそんな小さな俗物になってる場合ではないぞ。」

「わかった。そんな世の中にしないためにできることはしよう。でも……ひとつだけ、個人的なことを聞いていいか？」

「何だ？　いつ教授になれるかとか言ったら怒るぞ。」

「いや……、今度晃洋書房から出した本、何部売れたやろうか。」

# 男女平等は時短革命とパート革命から

森岡孝二

前世紀に解決されると期待されながら、今世紀に持ち越された社会的課題のうちで最重要なものの一つは男女平等である。

平塚雷鳥らが女性解放をめざして『青鞜』を創刊し、それに与謝野晶子が「山の動く日きたる……。すべて眠りし女、今ぞ目覚めて動くなる」という詩を寄せたのは一九一一年であった。第二次大戦後、憲法で両性の平等が謳われ、労働基準法で男女同一賃金の原則が規定されてすでに半世紀以上になる。けれど、職業生活と家庭生活における男女平等はいまなお道遠き観がある。現状の微温的な男女共同参画計画では目標年次の二〇一〇年はおろか、一世紀を費やしても差別は解消しないだろう。

問題解決の鍵は時短革命とパート革命にある。男性の労働時間を大幅に短縮し、男女の別なく、フルタイムとパートタイムの別もなく、同一（価値）労働同一賃金の原則を確立することなしには、女性労働は正当に評価されず、男性の無償労働への参加もすすまない。

もりおか・こうじ
1944年生まれ
関西大学経済学部教授・株主オンブズマン代表
専攻：経済理論，企業社会論
『企業中心社会の時間構造』青木書店，1995年
『粉飾決算』岩波ブックレット，2000年
『日本経済の選択――企業のあり方を問う』桜井書店，2000年

## 1　女性は男性以上に働きすぎで、収入力は男性の六分の一

日本社会において性による不平等がとくに深刻なのは労働時間と家事時間の領域である。男性は過労死が社会問題になるほどに長時間働いている。総務庁（省）統計局の『労働力調査』（「労調」）でみれば、弁護士グループによる「過労死一一〇番」全国ネットが開設された一九八八年には、男性では週労働時間が六〇時間以上に達する労働者（非農林業雇用者）は六八五万人、二四・三％（四人に一人）に上った。その後、不況のもとで、正社員の減少と短時間労働者の増大の影響で労働時間はかなり短くなってきた。にもかかわらず、二〇〇〇年現在、週六〇時間以上の男性は五五〇万人を数え、全体の一七・四％（六人に一人強）を占めている。

女性の労働時間はどうであろう。日本の女性は、パートタイム労働者の割合が高いうえに、フルタイム労働者でも残業時間が短いために、国内の男性に比べると労働時間は週当たりで一〇時間余り短い。しかし、ＮＨＫ放送文化研究所世論調査部編『生活時間の国際比較』（一九九五年）によると、女性有職者の週当たりの労働時間は、日本三九時間一九分、カナダ三七時間二〇分、アメリカ三三時間五七分、イギリス二五時間二六分、フィンランド三〇時間二七分となっていて、五か国中では日本女性がもっとも長い。くわえて、日本の女性は他の国の女性とほぼ同じか、それ以上の時間を家事労働に費やしている。そのために、ふつうの意味の労働時間に家事労働時間を加えた総労働時間では、日本女性は日本を含む前記五か国の男女のなかでもっとも働きすぎになっている。他方、睡眠時間は、日本を除く四か国の女性の平均（八時間一五分）に比べほぼ一時間も短い。

家事労働は家族員の間で共同生活の維持と相互の世話のためになされる無償労働である。炊事・洗濯・

掃除などの狭義の家事だけでなく、育児、介護、買い物、修繕、ペットの世話、草木の手入れ、家計管理、地域住民としての共同業務なども家事労働に含まれる。有償労働（市場労働）であれ、無償労働（家事労働）であれ、もっぱら一方の性のみが担わなければならない自然的・技術的必然性はない。しかし、日本社会では共働き世帯においてさえ女性が家事労働の大部分を背負わされている。そのために、女性は家庭生活において従属的地位におかれているだけでなく、有償労働に参加する機会と条件を狭められて、職業生活においても従属的地位におかれている。

連合生活開発研究所『五か国生活時間調査報告書』（一九九一年、日本労働研究機構）によれば、日本の男性労働者は、月曜日から木曜日の平日は、一日二四時間のうち一二時間を通勤時間を含む労働関連時間に費やし、家事時間はわずか八分で、他の四か国（米、英、独、仏）の平均の五分の一しかしていない。既婚男性について金曜日の家事時間を比較すれば、四か国平均は六四分で、日本はその八分の一の八分である。こうした状況は最近でもほとんど変わっておらず、連合総研が九六年から九七年にかけて行った調査（矢野眞和・連合総研編『ゆとりの構造――生活時間の六か国比較』一九九八年、日本労働研究機構）によれば、妻がフルタイムで働いている場合、アメリカ男性の一日（出勤日）の家事時間は二時間二八分であるが、日本男性はわずか一二分にすぎない。

生活時間の国際比較からみて日本の特徴としていえるのは、男性は有償労働の時間が異常に長く、無償労働の多くを女性に押しつけていることである。この時間の不平等は、それ以上に大きな収入の不平等を生みだしている。総務庁『社会生活基本調査報告』（一九九八年）によれば、共働き世帯の男女の有償労働時間は、大まかにいって一〇〇対六六（五〇時間六分対三三時間二九分）である。これに男女の賃金格差一〇〇対五〇（『平成一二年版・毎月勤労統計調査年報』による一九九九年の常用労働者一人平均月額現金給与総額の男女比）を重ね合わせれば、収入力格差は一〇〇対三三になる。妻無業のいわゆる専業主婦世帯を含む全世帯では、男女の有償労働時間は一〇〇対四二、収入力格差は一〇〇対二二である。結局、この国では女性は社会的総労働の半分以上を担いながら、労働を通ずる社会的総収入の六分の一しか得ていないのである（拙著『日本経済の選択』桜井書店、二〇〇〇年、第四章。大沢真理『企業中心社会を超えて』時事通信社、一九九三年、四六ページ。大沢氏は「五分の一ないし四分の一」としている）。

## 2　男女共同参画社会計画は男女平等をもたらさない

一九八五年、ナイロビで開かれた「国連女性の一〇年世界会議」で、日本政府代表は、一般演説の冒頭で、「山の動く日きたる」という与謝野晶子の詩を引用した。しかし、それから一五年を経たいまもなお山の大きく動く兆しはない。

法律や政府計画はいくつも作られた。一九八五年には、男女雇用機会均等法が成立し、翌年から、募集・採用、配置・昇進における男女の機会均等について事業主に努力義務が課されるようになった。その後、一九九七年六月の国会で、労働基準法の女性保護規定の撤廃と抱き合わせに、均等法の改正がなされ、一九九九年四月より、募集・採用、配置・昇進を含む雇用管理のすべての段階における女性に対する差別が禁止された。一九九五年には日本政府は一九八一年にＩＬＯで採択された「家族的責任を有する男女労働者の機会及び待遇の均等に関する条約」を遅まきながら批准した。

いわゆる「男女共同参画計画」に関連しては、一九九二年六月に、宮澤内閣のもとで「生活大国五か年計画――地球社会との共存をめざして」が策定された。そこでは、労働時間の短縮や自由時間のための環境整備について述べたくだりに、女性の社会参加と男女の固定的な役割分担の見直しに関連して、「男女共同参画型の社会」を実現する必要が付言されていた。その後、男女共同参画審議会の一九九六年七月答申「男女共同参画ビジョン」などを経て、一九九九年六月、「男女共同参画社会基本法」が公布・施行され、同法にもとづき二〇〇〇年一二月、「男女共同参画基本計画」が策定されるに至った。

しかし、残念ながら、上記の基本法と基本計画によって、男女共同参画社会の形成が大きく進むとは考えられない。問題はなによりも有償労働と無償労働の固定的な性別役割分担の解消をどうすすめるかにある。個々の家庭をとれば、夫婦の年齢や収入の違いによって、男女間の無償労働の分担にはいろいろな組み合わせがありうるとしても、社会全体では、男女が平等に無償労働を担うことなしには、有償労働の男女平等はありえない。そのことは基本計画でも意識されていて、「男女共同参画社会の形成に当たっては、男女が有償労働と無償労働をバランスよく担えるようにしていくことが重要である」と述べられている。しかし、そのために直ちに具体的な施策を実施するというのではなく、現状では家事、育児、介護・看護などの無償労働の時間が十分に把握されていないので、その数量的把握に努めるとしているだけである。

基本計画は、男女共同参画社会の形成のための重要な施策として、育児・介護支援制度の充実とともに、労働時間の短縮を挙げ、「男女労働者が職業生活と家庭生活との両立を図りつつ、地域社会にも参加することを可能にするための環境整備として、労働時間の短縮を推進する」と述べている。具体的には、「年間総実労働時間一八〇〇時間の早期達成・定着を図るため、週四〇時間労働制の遵守の徹底、年次有給休暇の取得の促進、所定外労働の削減を図る」というのがその目標である。

これでは男女共同参画社会の形成は望むべくもない。年間総実労働時間一八〇〇時間という目標は、一九八八年五月に竹下内閣のもとで策定された「世界とともに生きる日本――経済運営五か年計画」のなかで定められた。この目標の統計的基準となっているのは、労働者（厚生労働省）『毎月勤労統計調査』（「毎勤」）の事業所規模三〇人以上の労働時間である。計画は一九八七年の二一一一時間を一九九二年度中に一八〇〇時間程度に短縮するということであったが、実は、これは「毎勤」統計ではすでにほぼ達成されていることを確認しておかねばならない。なぜなら二〇〇〇年中に策定された基本計画の参考にされたはずの「毎勤」の一九九九年の年間労働時間は一八四〇時間であったからである。これが四〇時間減って一八〇〇時間になったところで、無償労働の役割分業に大きな変化が生ずるとは考えられない。なにしろ、「毎勤」の労働時間は最近の四〇年近くの間に六〇〇時間近く減ったが、この間にも無償労働の性別分業には基本的な変化は起こらなかったのだから。

## 3　男女平等の鍵としての時短革命とパート革命

これまでの労働時間の短縮はなぜ男女平等に結びつかなかったのか。その理由として第一に指摘しうるのは、男性については時間外に働いても賃金および割増賃金のつかないサービス残業が広範に存在していることである。労働者調査によって実労働時間を集計した「労調」と事業所調査によって支払労働時間を集計した「毎勤」との差をサービス残業と考えれば、労働者一人当たり年間サービス残業は三五〇時間前後で、毎年ほぼ一定している。戦後最大最長の不況の影響とパートタイム労働者の急増の影響で、一九九〇年代の初めから労働時間が減少してきたのは事実である。しかし、サービス残業の時間を加えると、日本の一人当たり平均年間労働時間はいまなお二一〇〇時間台にあると考えられる。

一九九〇年代にかぎらず、数字のうえでの労働時間の短縮をもたらしてきた最大の要因は女性のパートタイム労働者の増大である。労働時間が年間二五〇〇時間の男性が一〇〇人にいる職場の半数が年間一二〇〇時間の女性パートタイムに置き換えられれば、男性の労働時間がまったく変わらなくても、この職場の年間平均労働時間は二五〇〇時間から一八五〇時間に減る。これに似たことがマクロ統計でも起きてきたのである。

統計上で男女平均の労働時間が減るだけでは、男性の家事労働への参加はすすみそうもない。男性の働き方が柔軟化され、もっと多数の男性が主夫化、パート化するようにならなければ、時短の新しい地平は開かれない。にもかかわらず、基本計画は、それに先行する一九九六年の「男女共同参画ビジョン」について田中重人氏が指摘しているように、男性はフルタイム労働者であることを不動の前提とし、ライフスタイルの選択の自由は女性にしか認めていない点で、「gender-equal な社会を構想するのに gender-biased な仮定から出発する奇妙な論理構造になっている」（田中「Practicable Gender-equal Societies——男女共同参画社会の真実」関西数理社会学会研究会報告、二〇〇〇年七月、一三ページ）。

基本計画の目標達成年次は二〇一〇年とされている。しかし現在、政府が進めている政策をもってしては、男女共同参画社会の実現は、二〇一〇年はおろか、一世紀後にさえおぼつかないだろう。ではどうすればよいか。問題解決の鍵は時短革命とパート革命にある。

ノルウェー、スウェーデンなどの男女平等先進国の労働時間は年間一四〇〇時間台から一五〇〇時間台にある。ドイツやフランスは一五〇〇時間台から一六〇〇時間台である。日本においても男女共同参画社

別表

現状：男は仕事・女は家庭とパートの性別分業　（単位：平日１日当たり分）

| | 有償労働 | 無償労働 | 合　計 | |
|---|---|---|---|---|
| 男性 | 600 | 20 | 620 | 年間労働時間2000時間 |
| 女性 | 400 | 240 | 640 | 年間労働日数240日 |
| 平均 | 500 | 130 | 630 | 年間休日125日（有給休暇10日） |

シナリオ１：育児・介護を最大限に社会化して，家事労働を大幅に減らす方向

| | 有償労働 | 無償労働 | 合　計 | |
|---|---|---|---|---|
| 男性 | 450 (−150) | 100 (＋ 80) | 550 (−70) | 年間労働時間1650時間 |
| 女性 | 450 (＋ 50) | 100 (−140) | 550 (−90) | 年間労働日数220日 |
| 平均 | 450 (− 50) | 100 (− 30) | 550 (−80) | 年間休日145日（有給休暇30日） |

シナリオ2：家事労働の減少幅を小さくして，市場労働をさらに減らす方向

| | 有償労働 | 無償労働 | 合　計 | |
|---|---|---|---|---|
| 男性 | 420 (−180) | 120 (＋100) | 540 (− 80) | 年間労働時間1540時間 |
| 女性 | 420 (＋ 20) | 120 (−120) | 540 (−100) | 年間労働日数220日 |
| 平均 | 420 (− 80) | 120 (− 10) | 540 (− 90) | 年間休日145日（有給休暇30日） |

会を実現するには、労働時間はすくなくともドイツ、フランスのレベルに短縮しなければならない。それを言うために示したのが別表の改革シナリオの1と2である。

別表の「現状」では、前出の『社会生活基本調査』のデータをもとに、現在の共働き世帯の性別分業を示した。これによれば、男性は週休二日として、平日約一〇時間の有償労働と約二〇分の無償労働を行っており、妻は約六時間四〇分の有償労働と約四時間の無償労働を行っている。

シナリオ1は年間労働時間を「現状」より三五〇時間減らそうというものである。これは数字上はサービス残業を根絶するだけでも達成できる。シナリオ2は、シナリオ1よりもさらに一一〇時間短縮しようというものである。1と2の違いは、育児・介護を最大限に社会化して家事労働を大幅に減らし、男女

ともフルタイム労働者として働く方向で男女平等社会を形成してきたスウェーデンモデルと、後述するパート革命によって女性の職場進出を促すと同時に、男性の家事参加をすすめることによって男女平等社会を実現しようとしているオランダモデルとの違いを示していると理解してもよい。第三の道として、家事労働の市場化と女性フルタイム労働者の増加によって男女格差を縮小してきたアメリカモデルがあるが、それによっては働きすぎの解消は期待できないので、ここでは除外した。

遅れた現実から出発する日本にとっては、スウェーデンモデルよりオランダモデルのほうが参考になる。国と地方の公務員として大量の専門家を配置することによって育児と介護の社会化をすすめることは必要ではあるが、深刻な財政危機のもとでは容易ではない。家庭生活の情緒面からも家事労働は少ないほどよいということにはならない。

角橋徹也氏によれば、男女とも家事労働に責任をもつパートタイム・フルタイム混在共働きモデルとされるオランダモデルの核心は、賃金、年金、保険、社会保障、労働条件におけるフルタイムとパートタイムの差別を禁止し、女性はパート就労で有償労働に参加し、男性はパート就労で無償労働に参加するよう企図している点にある（角橋「オランダの男女平等社会実現シナリオ」『経済』二〇〇一年四月号）。

日本では、フルタイムとパートタイムの間に大きな賃金格差があるだけでなく、男女の間にも大きな格差がある。労働省『賃金構造基本統計調査』の一九九九年のデータによって、男性フルタイム、女性フルタイム、男性パートタイム、女性パートタイムの一時間当たり所定内給与を比較すると、

100：65：52：44（金額では2002円：1295円：1040円：886円）

になる。フルタイムの一般労働者には控え目にみて所定内給与の三〇％に相当する賞与その他の特別給与

があり、パートタイム労働者にはそれがないとすると、男性フルタイムと女性パートタイムの賃金格差は三対一まで広がる。男性正社員と女性パートタイムとでは格差はさらに大きくなる。

男女共同参画計画はこうした格差には目をつぶっているが、こうした格差をなくしていかないかぎり、男女平等の前進はありえない。もし、男女の別なくフルタイムもパートタイムも時給が同一（たとえば一五〇〇円）になるなら、男性のなかにも自発的に（現在のようにリストラと就職難で余儀なくされてではなく）パート就労を選択し、育児を含む家事にすすんで参加する者も増えてくるだろう。

しかし、他方では、男性正社員と女性パートタイム、あるいは総合職と一般職という異なる雇用区分間、コース間の男女の差別的取り扱いが、均等法で禁じられていないためにまかり通り、強まってさえいる現実もみておかねばならない（鹿嶋敬『男女摩擦』岩波書店、二〇〇〇年、第三章）。

そうであればあるほど、同一（価値）労働同一賃金を大原則に時短革命とパート革命を推進するための議会、政府、企業、労働組合の実践がつよく求められている。

# 二一世紀を「環境の世紀」に

吉田文和

二一世紀を「環境の世紀」にするために、人間の良き状態（well-being）を向上させながら、環境負荷を下げる必要がある。Well-being はＧＮＰに必ずしも対応せず、さらに、環境負荷とも比例しないので、これを達成できる可能性がある。同時に環境的公正、世代間公正にも配慮すべきである。

## 1 二〇世紀をどう総括するか？

二〇世紀をどう総括するか。これは難しい問題である。まず、二〇世紀の成果を見るならば、平均寿命、一人当たり所得、教育程度などの人々の福祉指標において、大きな前進があったことは、日本と世界で確認でき、さらに政治社会制度としての民主主義の世界的普及も重要な成果である。他方で、五〇億人を超える地球上の人口をみて、人口増加による食糧問題、環境問題が危惧されているが、例えば一人当たり二酸化炭素排出量をとると、アメリカとインドでは二〇倍以上の差があり、こうした国家間および各国内の格差構造の残存も残

よしだ・ふみかず
1950年生まれ
北海道大学大学院経済学研究科教授
専攻：産業技術論，環境経済学
『環境と技術の経済学』青木書店，1980年
『ハイテク汚染』岩波新書，1989年
『廃棄物と汚染の政治経済学』岩波書店，1998年

された大きな課題である。

二〇世紀を「戦争と公害の世紀」（宮本憲一、二〇〇〇年）と総括する見方がある。たしかに、二度の世界大戦と核戦争体制を経験した人類にとって、戦争と平和の問題は引き続く一大課題である。他方、人類は比類なき生産力を実現した一方で、その生産力を得る過程で資源の消費による資源枯渇と廃棄物の問題、環境劣化に直面している。とくに日本が経験したような深刻な公害問題は、個人の福祉を犠牲にした所得追求が行われた事例として、目的と手段の転倒として長く記憶に留められ、かつ現在とくにアジア諸国においてもこの種の問題が繰り返されている点に思いを致さざるを得ない。

二〇世紀のもう一つの特徴は、科学・技術の比類なき発展とそれを支える公共政策や科学・技術の社会的影響とコントロールの問題が鋭く問われた時代でもある。今、話題となっているＩＴやバイオ・テクノロジー、遺伝子組み替え、そして原子力開発などは、こうした典型である。

最後に、問われるべき大きな二〇世紀の問題は、ソ連型社会主義の成立と崩壊である。これについては、別論文が分析しているので簡単にのべるが、ソ連型国家社会主義は平均寿命、所得、教育などの初歩的な福祉指標において成果をあげながらも、結局、個人の自由の制限と市場経済の否定を原因として、崩壊せざるをえなかった。また、環境問題の分野においても、チェルノブイリ原発事故をはじめとして、ソ連など旧社会主義国は否定的な結果を残さざるをえなかった。その原因は、価格メカニズムの否定と人権・自由の軽視にある。

しかしながら、ソ連型国家社会主義が崩壊したからといって、「もはや資本主義の先に来るべき社会はない」、未来永劫にわたって、資本主義だけである（岩井克人、二〇〇一年）ということにはならない。ソ連型社会主義が資本主義の矛盾克服に失敗しながら、社会主義の挑戦を受けた資本主義が変貌し、市場経済と公共政策の大きな結合体を形成するにいたっている。個人の福祉指標も公共政策によって大きく左右されることは、ノーベル賞経済学者のアマルティア・センが強調するところである。

## 2　地球環境問題の登場

冷戦の終結で、にわかに国際的に問題となってきたのが、地球環境問題である。一口に地球環境問題といっても、地球温暖化のみならず、オゾン層の破壊、酸性雨、熱帯林の減少、砂漠化・土壌浸食、野生生物の種の減少、海洋国際河川の汚染、化学物質・有害廃棄物の越境移動など、多岐にわたるが、環境問題の原因と結果が一国規模を超えて、地球規模に広がっている点に特徴がある。実際、オゾン層破壊のフロンガス規制のモントリオール条約は一九八七年に締結され、さらに有害廃棄物の越境移動を規制するバーゼル条約は一九八九年に締結され、一九九二年には、ブラジルのリオ・サミットで、気候変動枠組み条約・生物多様性条約がはじめて結ばれた。その後、温室効果ガスの排出削減をめざす京都議定書が一九九七年に決められたことは、環境問題の新しい局面である。

経済学はこうした地球的限界について、認識していなかったかといえば、そうではない。例えば、「来るべき宇宙船地球号の経済学」とは、ケネス・ボールディングの『経済学を超えて』（一九六八年）の一章であり、資源が無限にあり、廃棄物もどこでも捨てられるという「カーボーイ経済」を批判し、スループット（資源利用）最大化の資本主義のメカニズムにかわる、ストック重視とスループット最小化を提言していた。しかしながら、ＣＯＰ６（気候変動枠組み条約第六回締約国会議、二〇〇〇年、ハーグ）が妥結をみなかったように、国際規模で錯綜する国家間利益を調整しながら、長期的な環境保全の枠組みをつくっていくのは、現在の国民国家の枠組みでは至難の業である。

よく比喩されるように、現在の状況は、沈没しつつある船の特等席に先進国、一般席に途上国が乗っており、船荷を軽くして沈没を防ぐ方法をめぐって、相争っているといってよい。そこで重要なのは、沈没が迫っているという危機状況の認識をどう共有し、小さな利害対立を超えて共同行動できるかである。

## 3　サステナビリティの問題

そのため提起されたのが、サステナブル・ディベロプメントの問題である。この概念自体は、ノルウェーのブルントラント首相を主導する『*Our Common Future*』（一九八七年）で提起されたものである。しかしながら、その理解は、「持続可能な開発」とするものや、「持続可能な発展」とするものなど、持続性と開発に重点をおくものから、地球という条件に制約された面を強調する「維持可能な発展」（都留重人・宮本憲一）とするものまである。

私としては、世代間公正と地球的制約の双方を重視する立場をとりたい。そのうえで、宮本憲一が強調するように、サステナビリティの問題は、たんに環境のみならず、サステナブル社会や民主主義と文化の問題でもある（宮本憲一、二〇〇〇年）。

もう一つの問題は、サステナビリティを主張することと、停止社会（Steady State Economy）あるいは「成長の限界」（ローマクラブ）は同じことではないという点である。田中一が指摘するように、停止社会になったとしても、それを維持するため依然として資源枯渇や自然災害と砂漠の増大などの地球環境の劣化に立ち向かわなければならず、サステナビリティのためには、発展が必要なのである。田中一は自然の累層性の見方に基づき、主系列（物理的宇宙）と二次系列（生物）の物質の循環構造をそのままにしながら、二次系列の運動性に基づいて経済を展開していく方法として、廃棄物問題とエネルギー問題を解決していくうえで、物的財の大部分をタンパク質の製品に置き換えていくソフトマテリアルパスを提案しているが（田中一、一九八五年）、こうしたことも長期的視野に入れていく必要がある。

## 4 技術的解決と社会的解決

こうした地球環境問題を解決していく方法として、技術的解決と社会的解決の二つの方法が「車の両輪」のように働くことが大切である。環境問題の技術的解決とは、日本の二酸化硫黄対策技術や自動車の排気ガス対策のように、主に技術開発によって環境問題に対応する方法で、現在の日本での主流の取り組みである。この方法は技術的解決の目処が立たない場合には、ディーゼル排気ガス対策のように、対応が遅れる。また、初期技術開発の投資コストの負担が大きく、途上国に技術を普及する場合にもこの点が障害になりうる。

そこで、技術的解決とともに社会的解決方法が重要となる。例えば、自動車交通にかわる公共交通網の整備や環境税の導入やロード・プライシングなど様々な方法が検討・導入されている。また、温室効果ガス対策としての、都市部におけるコージェネ（熱電併給発電）システム導入の場合にも、技術開発とともに都市計画や公共投資のあり方を変えて、いわば、「環境ニューディール型」に公共投資を組み替えて、不況克服と環境インフラ整備を結合していく必要がある。自然エネルギーといわれる風力発電の普及の場合でも、技術開発にはまず市場創出が必要であり、そのためには、電力会社による風力発電の買い取り義務（競争入札ではなく、一定価格で長期の）やグリーン電力料金制度（電力料金の一部を風力発電建設費用に充てる）、電力のラベル化（火力・原子力・水力・風力など発電源別の選択が消費者によってできる）などの社会的制度が必要である。

日本の場合には、原子力であれ、火力であれ発電施設が事実上の「迷惑施設」として都会から離れて立地し、それを保障するために電源三法などの税金投入によって発電施設周辺に公共施設がつくられると同時に、このことが発電施設からの廃熱の有効利用を妨げ、かつ都市住民がエネルギー問題と省エネを真剣に考えることの障害となってきた。こうした発電施設の立地問題も社会的解決を迫られている問題である。

以上の技術的解決と社会的解決方法を含めて、環境問題解決の理念（持続可能性・ゼロエミッション・低環境負荷）、方法（技術開発、経済的手段、基準）、制度（環境インフラ、法律制度）、主体（企業・消費者・NGOなど）を統合した「環境樹」（三橋規宏、二〇〇〇年）などの提起が参考となる。

## 5　二一世紀の課題

二一世紀の課題を考えるに当たり、アマルティア・センの提起は、一つの指針となる。センは、個人の福祉（寿命や識字率）と一人当たりGNPは必ずしも対応していないと強調する。これは、個人の福祉は所得のみならず、福祉・環境や教育などの公共政策によって左右されるところが大きいからである。この視点を生かすとすれば、個人の福祉を向上させながら、環境負荷をいかに低減させるか、これが二一世紀を「環境の世紀」とするための課題となる。そのためには、個人の福祉（善き生、well-being）とは何か、その概念的深化と指標化が経済学の重要な課題となるであろう。

センが個人の福祉とともにもう一つ提起しているのは、ケイパビリティすなわち、個人の実質的な選択の幅、自由度の問題である。大江健三郎はこれを「伸びる素質」（二〇〇〇年）と理解している。日本は個人の福祉などの指標で比較的高い水準を維持しているのに対して、個人の実質的な選択の幅、自由度においては明治期以来大いに課題を残しており、崩壊した国家社会主義のつまずきの石もこの問題であった。ケイパビリティに関連した、いわば「自由と発達の経済学」が求められる所以である。

最後にセンが提起している問題は、環境的公正、世代間公正の問題である。センも指摘するように、地球温暖化によって一番脅威に曝されるのは、島嶼諸国やバングラディッシュなどの低地国であるにもかかわらず、これらの国々からの温室効果ガスの排出量は極めてわずかである。ここに、被害と加害の非対称性が明確に見られる。

世代間責任と公正の問題では、結局、将来の世代は、現在の諸取引には参加できないので、新古典派の補償テスト等の手法は適用できない。したがって、個人を前提にした補償と責任のルールを作りにくい状況となる。こうした問題状況では、自然史における種としての人類の集団的行動、その進化論的考察が必要になってくる。センがダーウインの進化論に関連した考察を行っているのもこうした理由がある。しかし環境倫理学と経済学の懸架には、まだ距離がある。今後の残された重大な課題である。

**参考文献**

宮本憲一『日本社会の可能性』岩波書店、二〇〇〇年。

岩井克人「近代再考——限界と可能性」『日本経済新聞』二〇〇一年一月五日付。

ケネス・ボールディング「来るべき宇宙船地球号の経済学」『経済学を超えて』（原著一九六八年）学習研究社、一九七五年。

*Our Common Future*, 1987. 邦訳『地球の未来を我らに』福武書店、一九九二年。

田中一『未来への仮説』培風館、一九八五年。

三橋規宏『日本経済グリーン国富論』東洋経済新報社、二〇〇〇年。

アマルティア・セン『不平等の再検討』（原著一九九二年）岩波書店、一九九九年。

アマルティア・セン『自由と経済開発』（原著一九九九年）日本経済新聞社、二〇〇〇年。

「大江健三郎氏からA・セン教授へ」『朝日新聞』二〇〇〇年一〇月一七日付夕刊。

吉田文和『廃棄物と汚染の政治経済学』岩波書店、一九九八年。

# Ⅳ　政治経済学の再生に向けて

# 労働の構想力

有井行夫

二一世紀を構想することは、人間の自己陶冶、すなわち人類史を構想することに等しい。人間の自己陶冶構造にそくして、新古典派と現代制度派の構想原理が区別できるが、両者とも人間の自己陶冶そのものはとらえ得ない。事実上すでにこの両者を批判して、人間の自己陶冶存在をとらえているのがマルクスの労働の陶冶論である。労働の構想力にそくして経済のグローバリゼーションの意味を限定してみる。これが二一世紀構想の第三の枠組みである。

## 1 構想力を考える

技術革新が亢進し、世界市場の有機性が深化し、経済成長の競争が激化している。時間の動きが一段と加速している。今日、五年や一〇年の近未来ではなく、二一世紀を語るということは、人類史を語ることに等しい。この一〇年間言い尽くされてきた地球環境問題ひとつをとってみても、このことは明らかである。人類の存続のためには、二酸化炭素排出量を、一九九〇年比、六〇パー

ありい・ゆきお
1949年生まれ
駒澤大学経済学部教授
専攻：マルクス経済学
『マルクスの社会システム理論』有斐閣，1987年
『株式会社の正当性と所有理論』青木書店，1991年
『現代認識とヘーゲル＝マルクス』（共編著）青木書店，1995年

セント削減しなければならない。これが共有された理性的判断であったにもかかわらず、私たちは、空しく九〇年代を過ごしてきた。もはや二一世紀はバラ色でも牧歌的でもない。過去二世紀の経済成長主義のつけを精算しなければならない。資本の暴走に歯止めをかけ、経済成長主義を原理とする経済システムを転換し、私たち自身の社会力を私たち自身が制御しなければならない。

つまり私たちは、今日、空想論でも抽象論でもなく、職業的思想家まかせでもなく、自分たち自身の生存をかけて人類史を構想しなければならないのだ。しかしながら他方、素朴に構想することを許さないのも今日の時代性である。二〇世紀は、人類史的構想のカードをすでに切ってしまったからである。

体制転換の人類史的正当性を掲げて登場したのが二〇世紀「社会主義」であった。にもかかわらず、この「社会主義」は、掲げた理念の本体を暴露しつつ、固有の生涯を終えてしまった。「社会主義」とは、帝国主義のダイナミズムのなかに遅れて登場した、民族の自立と近代化の理念であり、政治主義的に組織された経済成長主義の正当化であった。

今、私たちに直接的に残されているのは、本質的に人類史を語り得ない二つの構想力、楽観主義と悲観主義の構想力である。

だから二一世紀を構想するさいの実践的な論点は、目まぐるしく展開する事実の変動トレンドを個性的に見出す創造性にあるのではなく、既成の構想力を無自覚的に延長することにあるのでもない。私たちの構想力を批判し、人類史を語るにふさわしい尺度を再確保し、存在としての未来を自覚的に限定することにある。本稿は、二一世紀について、構想力批判として発言する。

## 2　二つの構想力

私たちは変化するものの意味を直接にとらえることができない。変化を生み出しつつ同一にとどまるものを見出し、その同一性において変化の意味をとらえる。人類史についても同じである。人類史とは人間の自己産出過程である。人間は、自己の社会的自然的環境を形成し、これとの不断の対話（弁証法）において自分自身を変革陶冶する存在である。この意味において人間は経験する存在である。人類史の構想力は、目まぐるしい変化を帰納することにではなく、足もとの「経験する存在」の同一性了解にもとづいている。今日の主流的な構想力は、新古典派と現代制度派のそれである。

新古典派の構想力は、人類史連関から「合理的個人」（私的個人）を切断し、これを構成原理に仮説的世界を組み立て、現実と対比することにある。この態度は、個人と環境との対話的関係を絶ちきるという決断に依存する。つまり変化を生み出しつつ同一にとどまるものを取り出すのに変化を拒絶するという仕方でおこなうのであり、本質的に歴史構想にたいする拒絶である。だから「歴史の終わり」という現代観・二一世紀観であれ、楽観主義的な市場観であれ、実は自己の構想力根拠にたいする越権である。「現在的なものは現在的である」、というトートロジーだけがこの構想力の正当に語りうるすべてである。

現代制度派の構想力は、新古典派の対極である。新古典派が変化の原理を拒絶して同一性の原理に固執したのにたいして、制度派は、同一性の原理を拒否して変化の原理に内在する。人間は、自己の社会的自然的環境（＝制度）を形成しつつ環境によって対話的に規定される存在である。ゆえに普遍的に想定しうる人間性などというものは存在せず、「合理的個人」はイデオロギーにすぎない。行為は制度と循環し、知は対象と循環する。しかし今度は、この構想力には、変化を尺度する同一性がない。対象形成の意味を統合する「自己」の概念がない。存在は多元的であり、歴史は意味のない進化である。大文字で書かれた歴史構想を拒絶し、構想の歴史制約を重視し、歴史的具体的に提起された問題の歴史的具体的解決だけを主張する。「歴史的に存在するものは歴史的に存在する理由がある」、がこの立場の構想力である。制度派は、市場原理主義（およびマルクスの労働一元論）に対抗する歴史の不可知論であり、歴史構想の悲観主義である。

## 3　第三の構想力

二一世紀初頭の構想力を点検して以上を確認した瞬間、第三の構想力として一九世紀のマルクスが復権する。それが「真のマルクス」かどうかは、ここでは問わないとしても、「権利としてのマルクス」が再登場する。マルクスこそは、自身の歴史的批判認識の立脚点を確保するのに、実に、新古典派批判と現代制度派批判の交叉地点にそれを見出していたからである。古典派批判としての新古典派批判、ヘーゲル批判としての現代制度派批判（ヘーゲルの「精神」とは制度派の「制度」である）。その立脚点とは、「スミス・リカード的個人」と「自己意識（精神）としての個人」に同時に対置された「労働する個人」である。この「労働する個人」は、二〇世紀マルクス主義において、ある必然性をもって消失した当のものでもある。『経済学教科書』の所有論的生産関係規定（「社会主義」の主観主義的合理化規定）、ヒルファディングの関係主義的段階論、ルカーチの行為論的実践的唯物論、この三者の合作として。

自己の環境を形成するとともに、この環境によって対話的に自己の本性を陶冶する。このような見地からは、対話的な存在連関から私的個人を切断することによって構成する古典派的人類史構想は問題にならない。問題なのは、この対話的自己陶冶存在の見地が、直接的なかたちでは未完成品だということである。対象を知る知は対象そのものによって制約される。これは直接的には悪循環であり、不可知論である。ヘーゲルの絶対知論（＝対象の歴史的完成前提の導入）は、この事態にたいする苦肉の策であった。

マルクスは、ヘーゲルの直面した事態に、対話的自己陶冶存在の幻想性を見た。自己と対象との対話的構造が成立するためには、対象が自己の対象であると同時に自己から独立の他者でなければならない。ヘーゲルのような、「意識と対象」という対話構造は、実は、対話ではなく「我は我なり」という独白である。意識の対象はどこまで行ってもそれ自体が知であり主観の圏域にとどまるからである。対話的世界構造の実践的統一のモメントが知であるのに、その存立が独白であることによって、不可知論あるいは絶対知論が発現する（『経哲・第三草稿』）。（知と対象の代わりに行為と制度一般の関係をとっても同じである。制度一般は行為にたいして他者としての自立性をもたない。）

それでは、「自己の対象でありながら自己から独立の他者である対象」とは何か。マルクスは、それは唯一「労働の対象である自然」である、と答えた。労働によって造形された自然は、自己の有機的延長でありながら、直接的自己にたいして独立かつ客観的である。直接的自己にたいして独立であるがゆえに、直接的自己の空間的・時間的限界を越えてその造形的意味が社会的・歴史的に共有可能であり、まさに自己の社会的対象の客観性でありうる。逆に、直接的自己にたいして客観的である社会関係は、自然の造形的意味を共有する社会関係、労働を媒介する社会関係、すなわち生産諸関係のみである。

つまり、自己陶冶的存在の対話的構造に内在してみれば、対話的であり自己産出的・経験的であるのは、意識と対象の関連ではなく、行為一般と制度一般の関連でもなく、労働と生産（生活）手段・生産諸関係との関連だということだ。人間的自己陶冶存在の存立の真相、すなわち「意識存在と対象」ないし「行為主体と制度」という対話的存在の存立の真相は、「労働する個人と生産手段・生産諸関係（としての社会的自然的環境）」である。

人間が、歴史的であり、自己産出的であり、その歴史構造とは自己と自己環境との対話的構造であるということ、このこと自体の洞察は、困難ではないし、ある意味で社会科学諸派の共有する常識と言ってもよい。困難は、自己と自己環境との対話的構造が実在するのは、労働（生産）の対話的関係においてだけだという限定にある。この対話的構造・自己産出構造を具備するがゆえに、労働する個人としての活動態は、ありとあらゆる人間的諸形態を産出し、保存し、展開している生きた産出炉なのである。また、自己の他者化・客観化を介して対話的であるがゆえに、労働は、諸個人の主観的・時間的・空間的・生物個体的な限界を越えて持続的に経験的である、すなわち人類史的なのである。

しかし他方、ここから諸個人の意識経験と実在的な人類史経験の乖離が生じることになる。諸個人は、環境の圧倒的な既成態のなかに無意識的・孤立的に生をうける。言語、理性、習慣から国家にいたるまで広義の諸制度は、人類史的自己の連続的に先行的な形成物であるのに、孤立的に生まれでた直接的自己にたいしては、直接的に対象的・自立的・前提的である。だから、実在する産出炉である労働の対話的関連のうえには、意識にたいする既成態として社会的諸形態の層がうずたかく堆積している。新古典派の「合理的個人」は、このような既成態そのものであり、制度派の多元的諸制度と多元的な諸行為の多元的な対話的関連は、対話的関連そのものが既成態である。意識する個人にたいする既成態は、人類史的個人の関連の媒介態として、すなわち労働する個人の関連の媒介態として批判的に再把握されなければならない。

「宗教、家族、国家、法律、道徳、科学、芸術等々は、生産の特殊なあり方にすぎず、生産の一般的法則に服する」(『経哲草稿』)。社会的諸形態一般は、生産諸関係に媒介されることによって批判される。マルクスは、経済学的意識にたいして直接化した既成態・対象化態について、端的には貨幣について、この批判を実行した。これが「経済学批判」である。

マルクスのいわば労働一元論は、歴史的人間存在の対話的関連の実在性を突きつめたものであり、意識と対象の対話的関連の批判の帰結である。制度派の労働一元論批判なるものは、意識と対象の対話的関連を固定して、この「対象」項に労働を代入することによって労働論的意識の「狭隘性」を導いている。

## 4　労働の構想力

新古典派は、変化にとどまる同一性をとらえるのに、対話的変化根拠から「合理的個人」の同一性を切断し、変化根拠を捨て去ることによっておこなった。現在のシステムは、合理的であると前提するがゆえに合理的である。現代制度派は、同一にとどまる変化をとらえるのに、対話的関連に着目したが、同一の対話的存在をとらえ得なかった。存在なき無限の否定性への内在、これがいかに知の拠点を確保できるのか不明であるが、知だと強弁して提示するのは、行為と制度の多元的構造論と意味なき歴史の進化論である。

これにたいして労働の陶冶論だけが変化と同一の統一を、つまり歴史的存在をとらえうる。事態を認識する知は、直接に対象との対話的循環に身をおくのではなく、自己の環境と対話運動する実在的な同一存在をとらえる。実在的に対話運動する主観性は、知の主観性から区別された労働であり、対話的に自己陶治しつつ同一にとどまる存在は、労働する個人である。労働する個人は、自己の発生連関から断絶した「合理的個人」を批判して対話的自己陶冶原理を具備し、他方で、「知と対象」「行為と制度」の対話的悪循環を批判して実在的な対話的存在であり、対話的な自己産出主体・人類史的な経験主体である。

人類史は、意味なき無限の進化過程ではなく、変化のなかに同一にとどまる自己、労働する個人の自己実現過程である。そのさい、労働する個人は、人類史にたいして宙に浮いた理念ではもちろんない。意識主体、知的主体としては、諸個人は直接的には自己完結的であり、人類史を体現しない。しかし労働する個人としては、諸個人は、直接的に人類史の実現モメントであり、人類としての経験の連続性を体現する。自然に造形（対象化）した人間的意味の客観的共有、これを起点に形成されるものすべて、労働能力・生活手段・生産手段・生産諸関係やこれを媒介する言語や意識、知識、社会的諸制度など、要するに自己陶冶のすべて（類的形成物）が、個人の有限性を越えて間世代的に継承される。意識しようとしまいと、諸個人は労働する個人として、人類史を実践し、人類史を経験している。逆に、人類史なるものは、唯一、労働する個人の経験として実在するのである。意識は経験せず、労働は経験する。

では労働する個人の自己実現とはなにか。これは労働という振るまいそのものが語っている。労働を運動媒介としてとらえれば、行為の普遍性（目的）と行為の直接性とを自覚的に媒介する活動である（合目的的活動論）。労働を存在媒介としてとらえれば、自己の普遍性を対象化して直接的自己に媒介する活動である（自己対象化活動論）。やや超越的だが、自己の普遍性を対象的（社会的自然的）に実在的に形成し、対象にたいして自己として振るまう個別性を実在的に形成し、対象的普遍性を実在的な個別的自己のものとして形成することである。これを自由の実現過程と、社会的存在としての人間の陶冶過程と、また

「人間社会の前史」と呼んでも同じことである。

マルクスの『資本論』は、「経済学批判」として労働の構想力の提示である。貨幣を生産諸関係の物象化として、資本を物象化した生産諸関係の主体化として批判し、資本の自己産出を労働する個人の自己陶冶としてとらえた。すなわち労働する個人の普遍性（社会的労働と社会的生産手段、世界化した生産諸関係）と自由な人格の実在的・対立的形成ととらえた。現在はこの枠内にある。

## 5　グローバリゼーションの構想力

三つの構想力の相違が劇的にあらわれるのは、現在進行中のグローバリゼーションの評価においてである。

新古典派の構想力からすれば、いわずもがな、「合理的個人」のシステムである市場経済の完成形態がグローバリゼーションである。グローバルシステムの社会問題は、基本的にシステムが不徹底であることから生じる臨床的病理にすぎない。

現代制度派の構想は、「グローバリゼーションへの対抗」である。そもそも「合理的個人」そのものがイデオロギーであり、アメリカ的制度の合理化であり、アメリカ資本の利害の表現である。世界はホモジーニャスなシステムではなく、多様な歴史を背後にもった多様な諸制度のシステムのゆるやかな統合である。多様な諸制度は多様な仕方で均衡を実現している。そのような均衡をグローバリゼーションの一元論に対抗して守らなければならない。ソ連「社会主義」の成立を機に、労働原理の欠落した段階理論・構造変動論（構造の進化論）に転換したマルクス派の多くは、今日、制度派の立場に吸収されている。

それにたいして労働の陶冶論は、グローバリゼーションを労働の普遍性の対立的実現と見る。制度派と同様に、帝国主義的な起動実体、収奪性、不安定性、貧困化など、あらゆる対立性を事態の本質と見なが ら、他方、新古典派と同様に事態を必然的と見るのである。グローバリゼーションは二重の意味で必然的である。まずは、労働する個人の陶冶という人類史的必然性。諸個人の社会的自然的環境を産出する必然性は労働の普遍性にあるが、労働は民族国家形成行為に優越する。マルクスは、このことを「局地的諸個人にかわる世界史的諸個人」の必然性と把握した（『ドイツ・イデオロギー』）。つぎに、普遍性の対立的実現が資本によって担われることによる必然性。資本は商品流通（市場）を自己形態とするが、商品流通は直接的には生産様式に外面的である。つまり資本は商品流通を介して、異質な生産様式、異質な生産諸条件に外面的に連結し、これを自己同化する（資本の文明化作用）。グローバリゼーションは、資本の生活環境である世界市場の実現である。逆にグローバルな世界市場においてこそ、資本は、自己の物象的本性を矛盾として満面開花させる。

意識や行為一般は、経験しないで悪循環にとどまるのにたいして、労働は、不可逆的に人類史を経験する。今日では、その労働の普遍的・社会的力は、資本の力として対立的に実現している。意識の力に優越する労働の力、この発現形態である資本の力にたいして、意識の構想力を倫理的に対置するのは、敗北するための挑戦である。だからシステムの転換は、本質的に資本の自己否定でなければならない。資本のシステムの自己実現が、自由な意識を産出し、自由な意識の自己環境を奪還する条件をととのえる。これが資本の世界市場の生み出す「世界史的諸個人」の意識、国際主義の意識である。

資本は、自由な意識を生み出すとともに、この意識にたいして対立的な自己環境であることも露わにする（取得法則の転回）。しかし今日決定的なことは、この自由な意識が国際主義を自覚した形態で、かつ情報技術的に基礎づけられて資本によって産出されていることである。グローバリゼーション、すなわち資本の世界市場の形成は、国家権力や企業権力にたいする民主主義、労働条件や福祉の防衛と向上、地球環境の保全、いずれにとっても国際的連帯を運動の利害にさせている。労働する諸個人の国際的団結は再建される。各種市民運動、協同組合運動等は、国際的に連合する。これらの運動を祖国防衛戦争や福祉国家に統合させた帝国主義的構造は、資本の世界市場形成のための巨大ではあるが特殊な過渡形態だった。「二〇世紀」の真理が資本によって明かされる。

市場は、外面的な生産関係である。外部を残し、「局地的」に市場を否定する企ては、すべて市場の外面的統合力（資本の文明化作用）に屈服する。意識的制御の網をグローバルに形成・陶冶することによって、市場は、物象的意味を消失しはじめ、資本の生活環境、資本の姿態たる意味を失いはじめる。（この過程に並行する資本の所有形態の自己否定については省略する。）

**参考**　有井行夫「ヒルファディングとルカーチ――二〇世紀マルクス主義における労働論的認識批判原理の喪失」『経済科学通信』第九五号、二〇〇一年四月。

# 二一世紀の社会経済システムは不平等なものとなるか?

植村博恭

二一世紀においで経済のグローバリゼーションが進むなか、経済格差が拡大する可能性が生じている。日本においても、経済格差の拡大や社会階層の固定化が危惧されている。政治経済学が「不平等」を扱うさいには、資本主義を再生産システムとして把握し、「剰余」の分配が社会的・労使関係的要素や需要形成の仕方によって規定されると考える「剰余アプローチ」に基づいて、分析を進める必要がある。そのうえで、「効率性と平等性のトレード・オフ」に陥らないためには、平等な所得分配が需要形成を促進する関係を確立すること、経済の効率性を高めるような資産再分配や所有構造の可能性を現実化させること、長期的な観点から労働や世代の再生産の安定性を保障することなどが必要であり、そのための平等主義的な制度編成が追求されるべきである。

## 二一世紀と「分配の問題」

世紀の転換点において長期的な視野で将来を構想するのは、大変難しい。な

**うえむら・ひろやす**

1956年生まれ

名古屋大学大学院経済学研究科助教授

専攻：制度経済学およびマクロ経済分析

『社会経済システムの制度分析——マルクスとケインズを超えて』（共著）名古屋大学出版会，1998年

"Growth, Distribution and Structural Change in the Post-war Japanese Economy," Boyer, R. and Yamada, T. (eds.) *Japanese Capitalism in Crisis,* Routledge, 2000.

"The Hierarchical Market-Firm Nexus and the Institutional Analysis of the Recent Japanese Economy," Schober, F., et al. (eds.) *Restructuring the Economy of the 21st Century in Japan and Germany,* Duncker & Humblot, 1999.

によりも、「歴史としての現代」においてどの程度の自由度があるのか、見極めなければならない。かつて、マルクスは「たとえ一社会がその運動の自然法則を探りだしたとしても、その社会は自然的な発展の諸段階を跳び越えることも法令で取り除くこともできない。しかし、その社会は、分娩の苦痛を短くし緩和することはできるのである」と言った。「制度の経済学」で問題とされている「資本主義の多様性」の認識が希薄である点を指摘するのは容易であろうが、ここで強調されている発展の歴史的制約性という問題は、将来を構想するうえで今日でも留意されなければならない。現在しばしば使われる言葉でいえば、「経路依存性（path dependence）」の問題に関わるものである。同時に、長期的にはマルクスが、「必然の領域」のかなたに、窮乏や外的な合目的性に迫られて労働することがなくなり、人間の力の発展それ自身を自己目的とする「自由の領域」を構想していたことも有名である。ここに、歴史的現実に対する覚めた認識と長期的展望との緊張をはらんだ関係が生じる。

マルクスが将来を構想したおよそ六〇年後、ケインズは「わが孫たちの経済的可能性」の中で、「重大な戦争と顕著な人口の増加がないものと仮定すれば、経済問題は、一〇〇年以内に解決されるか、あるいは少なくとも解決のめどがつくであろう」と予想し、この変化の中で目的意識的な活動よりは、徳や善、そして健全な英知をはぐくむ生活の技術が重要なものになると言った。細部には多くの相違点があるとはいえ、目的意識的活動を強制する経済問題が将来的には解消に向かうであろうという見通しは、マルクスと共通している。ケインズの予想からさらに七〇年を経た今日、しかし私たちは明らかに資本の自己増殖的運動に支配され、将来へ将来へと私たちを駆り立てる資本主義の中にいる。それもグローバルな規模での資本の運動にさらされ、そのなかで、依然として「分配の問題」が深刻な問題としてのしかかっている。

資本主義の発展の中で、経済成長と不平等とがどのような関係にあるかという問題については、一人当たりのGNPと不平等度に逆U字型の関係があるとする有名な「クズネッツ仮説」があるが、実証的には「二重構造」などの社会経済構造の要因や政治的要因が大きく関わり、必ずしも単純な関係ではないことが指摘されている（Minami, Kim and Falkus［1999］)。実際、先進資本主義諸国においては、一九五〇年代、六〇年代の戦後資本主義の「黄金時代」に、大量生産・大量消費に支えられた高成長が人々に生活水準の向上をもたらし、同時にいわゆる「南北問題」というかたちで国際的格差を拡大させた（Marglin and Schor［1990］)。一九七〇年代の長期不況以降、国際関係の緊密化と各国経済の多様化が進み、社会主義システムの崩壊以降は、「グローバル資本主義」の支配が言われるなかで、現実には国際的な金融取引や多国籍企業のグローバルな展開と各国民経済の多様性とが拮抗している状況が続いている。そのなかで、金融グローバリゼーションと情報通信技術の飛躍的発展の中心地であるアメリカでは、ここ二〇年間で不平等が大幅に拡大している。したがって、あらためて問われるべきは、二一世紀、資本主義の長期的変化の中で、経済格差は拡大するのか、格差の拡大に対抗して社会経済システムをより平等主義的（egalitarian）なものにするためには、どのような政策が可能なのか、ということである。

## 日本社会に忍びよる不平等化

それでは、私たちの日本社会は、近年どのように変化しつつあるのだろうか。現在、多くの経済学者や社会学者によって、一九九〇年代不況のなかで日本社会の不平等化が進行している事実が指摘されるようになっている。

まず経済的には、なによりも、一九八〇年代後半におけるバブル経済の時に、株価や地価といった資産価格の急上昇に伴って資産格差が拡大したが、九〇年代になってもこの格差は十分に解消されることはなかった。また、企業規模間賃金格差などもわずかながら拡大している。高齢化や世帯構造の変化など複雑な構造変化が関わっているとはいえ、格差拡大の可能性は大きいと言ってよいだろう（橘木［一九九八］）。また、労働の部面では、雇用保障が確立している中核的な正規労働者の比率は低下し、同時に女性パートタイマーなどの非正規労働者の比率が上昇している。こうしたなかで、日本における女性労働者の経済的地位を象徴している「M字型労働力率カーブ」は、晩婚化に伴って二〇代後半の水準が上昇していることを除いて、大きく変化する兆しはなく、中高年女性のパートタイマーとしての就業がかかえる問題は解消されていない。マクロ的に見ると、労働分配率は上昇しているが、これは不況によって生産性が停滞するもとで大企業を中心として労働保蔵が生じているためであり、労働者の所得水準が上昇しているわけではない（Uemura［2000］）。また、今後、激しい国際競争のもとで企業組織のリストラクチャリングが進行し、従業員と下請け企業の選別が加速化して経済格差が拡大する可能性が大きい。

こうしたなかで、日本における社会階層に関しては、平等化がある程度進んだ高度成長期とは異なって、現在、ホワイトカラー上層部が固定的に再生産されつつあることが指摘されるようになってきた。管理職などホワイトカラー上層部の子供が親と同じ社会階層に入る可能性が高くなり、下層から上層へと上昇するルートは狭くなってきているのである（佐藤［二〇〇〇］）。このような現実によって、かつて語られた「一億総中流」は、幻想であったことが明らかになりつつある。

経済のグローバリゼーションのもとで大規模な金融システムの再編が進行するなか、コーポレート・ガバナンスにおいても、持ち株会社形態に多くの企業が所有構造を移行させつつあり、従業員に対しては能力主義的管理が強まっている。また、これまで日本社会の平等性を支えてきたメカニズムであった、賃金の平準化や租税制度を通じた高生産性部門から低生産性部門への所得移転は、国際競争の下でしばしば激しい批判にさらされている。今後、日本社会においても、「分配の問題」は避けて通ることができない。

## 政治経済学は不平等をどのように分析できるか

現在、政治経済学は「分配の問題」に対して、どのような分析装置をもっているのであろうか。特に、古典派やマルクスの理論的伝統を継承する分配理論は、「剰余理論」ないしは「剰余アプローチ(surplus approach)」と呼ばれている。完全競争均衡においては資源の最適配分が達成され、すべての生産要素に対してその限界生産力に等しい実質要素価格が実現するとして、「不平等」の存在自体を理論的に排除する新古典派理論と、これは大きく対立するものである。「剰余アプローチ」では、経済を再生産可能なシステムと把握し、資本そのものも再生産可能で自己増殖するものとして認識する。周知のように、「剰余アプローチ」の系譜のなかで最も有名な定理は、置塩信雄や森嶋通夫によって定式化された「マルクス基本定理」で、これによって正の利潤率と正の剰余価値率とが数学的に同値であることが証明され、そこから資本主義における「搾取」の問題が論じられてきた。しかし残念なのは、この定理は資本主義の搾取的性格をマクロ的な観点から批判する以上の分析力を持っていないことである。すでに批判があるように、資本を労働以外の本源的生産要素に還元しても同様な議論が成り立ち、さらに問題なのは、この定理がミクロの分配問題や個人間分配問題を十分に分析できないことである。われわれは「剰余アプローチ」を重視しつつも、より精緻な理論的枠組みを持たねばならないだろう。

「剰余アプローチ」は、資本主義を再生産されるシステムと把握し、生産システムや産業構造によって規定される投入・産出関係などのように構造的固定性をもって再生産される部分と、利潤や利子、必要生活費を上回る賃金部分などのように弾力的に変化しうる部分とを区別する。そのうち後者が「剰余」と呼ばれる。この「剰余」部分の大きさやその分配は、社会的ないしは労使関係的な力や需要形成の仕方によってシフトしうるものであり、それが不平等の度合いに影響を与える点が重要である。例えば、J・ロビンソンのいう「インフレーション・バリア」の状態では、資本蓄積過程のなかで貨幣・金融的領域と賃労働関係の領域それぞれの規定力が「剰余」の分配を争って対抗し、インフレーションを発生させる。歴史的には、一九六〇年代後半、先進資本主義諸国においては生産性が停滞するなかで賃金が加速的に上昇し、いわゆる「利潤圧縮」が生じた（Marglin and Schor［1990］）。もちろん、これはマクロ・レベルの分配問題であり、ミクロ・レベルでは賃金格差など個人間格差の問題が存在し、そこには労働者の技能や能力だけでなく「労働市場の分断化」などの影響が大きく陰を落としている。日本においても「労働市場の分断化」や「二重労働市場」の問題は、性別役割分業と関わりつつ大変深刻である（石川［一九九九］）。「剰余」を経済主体間でどのようにミクロ的に分配するかという点に関しては、基本原理としてマルクスのいう「労働に応じた分配」と「必要に応じた分配」という区別を精緻化する必要があろう。A・センはそれを「勤労度の原理」と「必要度の原理」と読み替えているが、先進資本主義諸国では、すでにこの二つの原理が浸透しあっている点が強調されなければならない（Sen［1997］）。この点をふまえ、各個人の能力や成果そして必要度を適正に評価し、いかに公正な分配を実現するか、社会保障制度などを通じて、いかに「必要に応じた分配」の領域を拡大させるかが課題となっている。

古典派を継承する理論は、社会階層の変動に関しても長期的視点をもっている。資本蓄積の結果として所得と資産の分配が決定され、社会階層が再生産される、という考えである。このような観点に立てば、新古典派モデルで前提とされる諸資源の「初期賦存」自体を疑ってかかる必要がある。現時点で諸個人が持っている資産や技能は、歴史的過程のなかで形成されたものであり、言いかえれば、資産格差、教育の格差、所得格差などは相互に影響し合いながら形成され、世代間資産移転（遺産）や教育制度や文化を通じて再生産されるのである。したがって、国内的には、資本蓄積過程に教育や福祉に関わる様々な制度を埋め込むことによって、社会階層の再生産プロセスをより平等主義的なものとなるように誘導していくことが目指されるべきであろうし、国際的には、国際労働力移動によって社会階層の新たな底辺部が形成されることにも、警戒していかなければならないだろう。

## 平等性を高める制度編成の可能性

二一世紀における「分配の問題」を考えるさいに、なによりも議論しなければならないのは、「効率性と平等性のトレード・オフ」と言われる問題である。これは、無批判に前提できるものではない。例えば、ラディカル派経済学のS・ボールズとH・ギンタスは平等主義的な経済システムを追求しつつ、この問題を理論的に整理している。彼らは、「経済的行為者が直面するインセンティブや制約を規制し、したがってコーディネーションの失敗の性質やその実行可能な解決を規定するところの所有権ルール、競争の形態、規範、慣習」を「経済的ガバナンスの構造（structure of economic governance）」と呼び、「不平等と経済的パフォーマンスとの関係は、経済的ガバナンスの構造に媒介されている」(Bowles and Gintis [1998], p. 5) と説明する。つまり、諸制度をどのように編成するかによっては、平等主義的な経済システムを実現する可能性があるというのである。

ここで彼らの議論を私なりに補足しつつ整理すれば、次のようになるだろう。まず第一に、マクロ・レベルの所得分配と需要形成に関しては、ケインズ左派的な政策の可能性がある。これは、カルドア型貯蓄関数のように経済主体間で貯蓄率が異なることを前提とした議論であり、特に、利潤からの貯蓄率と賃金からの貯蓄率とが異なっていることを重視する。これを資本家と労働者との貯蓄率の相違として解釈するか、企業貯蓄の独自の役割を認めつつ企業と労働者家計との相違として解釈するかは、対象としている資本主義の資産分配の状態や社会階層の分化に依存すると考えられるが、いずれの場合でも、賃金を相対的に上昇させたり、所得を平等主義的に再分配することによって、消費需要が増大し成長が促進される。すなわち、広い意味での「賃金主導型成長 (wage-led growth)」が可能となる状態がありうるのである。ここには、マクロ・レベルでの所得分配に関する対抗軸がある。さらにより構造的な政策も存在する。一九八〇年代のスウェーデンのように、女性や高齢者が安心して就業できる制度的環境を整備することで、生産物価格でデフレートした賃金をある程度抑制しつつも、家計全体の可処分所得を増大させ消費需要の安定的拡大を維持するという可能性がある (Rowthorn and Glyn [1990])。もっとも、経済のグローバル化が進み、国際競争の圧力が強まると、賃金のコストとしての側面がより規定的なものとなり、このような論理が働きにくくなるのは確かである (Epstein and Gintis [1995])。しかし、技術革新を進めて非価格競争力を高めれば、賃金の抑制が必要条件とはならないし、政府の政策によって国際的な資本移動をコントロールし、

| | 平等主義的政策 | 反平等主義的政策 |
|---|---|---|
| 需要形成パターン | 賃金・福祉支出主導型成長 | 賃金抑制・輸出主導型成長 |
| 供給サイドの制度的構造 | 生産性上昇促進型資産再分配 | 格差拡大型<br>「構造調整」政策<br>金融資産の集中化 |
| 社会的再生産の領域 | 社会保障制度の充実，育児・介護の社会化 | 社会的再生産活動の私的領域化 |

その金融市場への影響を緩和できれば、需要形成の安定性が増すであろう。

第二に、S・ボールズとH・ギンタスは、ミクロ・レベルの供給サイド、特に資産分配や企業の所有形態に関して、平等性を高める余地があると主張している。すなわち、資本が生産を管理している場合にはモニタリング・コストが高くつくが、これに対して企業の所有権を分かち持った労働者が経営に参加するならばモニタリング・コストが低くなると説明する。言いかえれば、生産性上昇を促進するように、株式などの金融資産を平等主義的に再分配する可能性があると主張するのである。そこでは、賃金格差などのミクロの分配に関しても、労働者にとって納得のいく明確なルールを設定することが必要となろう。これは、現在日本で問題となっている言葉で言えば、「コーポレート・ガバナンス」の問題であり、企業の株式を従業員や市民が所有することによって、それらステークホルダーの力をいかに強めていくかということが課題となっている。そのためには、企業の株式の所有が国際金融市場における資本の運動に翻弄されることがないようにしなければならない。

第三に、社会経済システム全体の社会的再生産という長期的な観点から考えると、技能形成を促進する公的なルールや制度を整備し、また自治体や地域コミュニティーを確かなものとすることによって社会保障制度を充実させる必要性を強調したい。そのことによって、長期的な視野に立って安心して働きつつ、技能形成の公的なシステムのもとで技能水準を高め、また安心して育児や介護といった世代の再生産の必要を充たしていく道が模索されるべきだろう。このなかで、「再生産労働」を適切に社会化することによって、女性の社会的地位も向上し、男女間の不平等を解消していくことも可能となろう。

二一世紀の近い将来において、マルクスが展望した「自由の領域」やケインズが予想した「経済上の切迫した心配からの解放」の全面的な達成を語ることは、もちろんできないだろう。しかし、より平等な社会経済システムを実現するように諸制度を整備し、同時に経済的に強制された合目的的な活動とは異なったより多元的な活動の領域を拡大させていくことは、可能なはずである。ここには、二一世紀における私たちのささやかな希望がある。

### 参考文献


Bowles S. and Gintis, H. (eds.) (1998) *Recasting Egalitarianism: New Rules for Communities, States and Markets*, Verso.

Epstein, G. and Gintis, H. (1995) *Macroeconomic Policy after the Conservative Era: Studies in Investment, Saving and Finance*, Cambridge University Press.

石川経夫（一九九九）『分配の経済学』東京大学出版会。

Marglin, S. and Schor, J. (1990) *The Golden Age of Capitalism: Reinterpreting the Postwar Experience*, Clarendon Press・Oxford. 磯谷明徳・植村博恭・海老塚明監訳『資本主義の黄金時代――マルクスとケインズを超えて』東洋経済新報社、一九九三年。

Minami, R., Kim, K. S. and Falkus, M. (eds.) (1999) *Growth, Distribution and Political Change*, Macmillan. 牧野文夫・

橋野篤・橋野知子訳『所得不平等の政治経済学』東洋経済新報社、二〇〇〇年。

Rowthorn, R. and Glyn, A. (1990) "The Diversity of Unemployment Experience since 1973," in Marglin and Schor (1990).

佐藤俊樹（二〇〇〇）『不平等社会日本——さよなら総中流』中公新書。

Sen, A. (1997) *On Economic Inequality*, (expanded edition), Clarendon Press· Oxford.　鈴村興太郎・須賀晃一訳『不平等の経済学』東洋経済新報社。

橘木俊詔（一九九八）『経済格差』岩波新書。

植村博恭・磯谷明徳・海老塚明（一九九八）『社会経済システムの制度分析——マルクスとケインズを超えて』名古屋大学出版会。

Uemura, H. (2000) "Growth, Distribution and Structural Change in the Post-war Japanese Economy," in Boyer, R. and Yamada, T. (eds.) *Japanese Capitalism in Crisis*, Routledge.

# 残る概念・捨てる概念

金子　勝

## 批判経済学の衰退

マルクス経済学も新古典派経済学も含めて経済学に対して、学生たちからその理論的有効性が疑われている。ただし、その理論的有効性が疑われているとしても、新古典派は主流であるがゆえに学生たちは学ばなければならない。公務員試験に始まり、経済関係の仕事ではその用語の修得が必須だからである。資本主義は欲望の解放体系であり、長い将来にわたって市場という制度がなくならない以上、新古典派は一定の説得力を保持し続けるだろう。

これに対して、マルクス経済学はさしあたり学生が「生きてゆく」ためには不用であるがゆえに、その衰退の速度は予想以上に速まってゆく。それを食い止めるには、鋭い批判精神による絶えざる理論的革新が求められる。必要なことは、つぎの二つである。

一つは、マルクス経済学は本来「経済学批判」である以上、主流経済学に理論的に対峙するものでなければならない。考えてみれば、マルクス経済学の概

かねこ・まさる
1952年生まれ
慶應義塾大学経済学部教授
専攻：財政学，地方財政論，制度の経済学
『日本再生論——市場対政府を超えて』NHKブックス，2000年
『経済の倫理——反経済学の視点から』新書館，2000年
『市場』岩波書店，1999年

念は、当時の主流であった古典派経済学の用語の意味をずらしながら、それを内在的に批判するものに作り変えながら形成されてきた。残念ながら、現在、主流経済学と緊張関係をもったマルクス経済学者は、非常に限られている。少なくとも、どのような学派であれ、現在研究されているマルクス経済学は「マルクス学」であって、明らかに経済学批判ではない。確かに、マルクスは人類の偉大な知的遺産である以上、それが根絶やしになることはないし、すべきではない。だが、哲学でヘーゲルやカントを学ばなければならないのと同じような意味で「マルクス学」が必要だとしても、それほどの研究者の人数は必要ない。いま不足しているのは、経済学批判であって決して「マルクス学」ではない。

いま一つは、それと裏表の関係にあるが、「マルクス学」の中から今日通用しない理念・概念は捨て去ることが必要である。理論の優劣を決するのはごく単純な基準しかない。どの理論が現実に起きている事象をよりよく説明できるのか、どちらが人々が抱えている社会的経済的な問題を鋭く提起しうるのか、という点に尽きている。少なくとも知的な人々から尊敬される内容を含んでいなければ、理論は理論として意味を持たない。残念ながら、現状のマルクス経済学はその資格を満たしていない。

しごく当たり前のことなのだが、実際にはそれを実行することは難しい。人が長い時間をかけて積み上げてきた学問の体系を、大胆に捨ててゆくには勇気と自信が必要である。ある一定の年齢まで来てしまえば、そのことが一層困難になる。だが、研究は信仰ではない。過去の歴史を振り返ればすぐにわかるように、その勇気と自信がなければ退場するしかない。事実に情緒の入り込む余地はない。とっくに、そういう時代が来ているのだ。ある割り切りと前に進み出す勇気が必要だろう。

もちろん、座して死を待つ者だけではない。いくつかの尊敬できる試みが日本にも存在する。しかし多くは外国の理論動向を消化するのに追われている。もちろん諸外国の理論との対話は不可欠だが、その文献を引用するだけで学問的業績となるような風潮はいち早く払拭しなければならない。レギュラシオンだろうがアメリカン・ラディカル派のＳＳＡアプローチだろうが、同じことである。諸外国の理論動向のサーベイ紹介は便利だが、決して独創的な研究でも分析でもない。ラディカル派という以上、自らの学的姿勢だけが例外になることはない。

### 市場の不安定性と個人の合理性の限界

確かに、どんな知的作業でもゼロから出発するのは困難である。どのような知的作業であろうと、過去から完全に自由ではありえない。では、残る概念装置は何であり、捨て去るべき概念は何であろうか。何から再出発すべきなのだろうか。

まず第一に、これまでラディカル派が等しく共有してきたのは、「市場の不安定性」と「個人の経済合理性の限界」という概念であろう。しかし、最早いかなるマルクス経済学者であっても、「恐慌が社会危機や革命をもたらす」といった素朴な危機論を展開する者はあるまい。他方、ポスト・ケインジアンのいくつかの流れも、市場の不安定性を問題にしてきた。しかし、なぜ市場が不安定化すると悪いのだろうか。問いはそこから始めなければならない。

問題の焦点は、人間が認知能力の限界を持つがゆえに、市場が著しく不安定化すると、人間は人生を組み立てられなくなり著しい将来不安に襲われることにある。実際、雇用や社会保障制度が動揺すると、貯蓄率が高まり消費が抑制されてしまう。あるいは将来の経済状況が見通せなければ、投資や貸付けといった経済活動も同様に抑制されてしまう。今日、不況が長引いているのは、こうした要因を無視して理解することはできない。これに対して、筆者はセーフティーネットの張り替えを起点とする制度改革を主張してきた（金子勝［一九九六］［一九九九b］［一九九九c］）。

新古典派経済学に基づく「自己責任」論や規制緩和論の問題点は明らかである。それゆえ、主流経済学は、しだいに限定合理性を前提としたゲーム理論へと移行している。しかし、人間の限定合理性を持ち込んだモデルに基づいて、いかに複数均衡に達するかを証明したところで問題は解決しない。それでは、なぜ長期不況が起きているのかが説明できなくなる。もちろん囚人のジレンマ・ゲームなどでも説明できない。均衡概念そのものを疑ってみなければ、問題は先に進まないのだ。

## グローバリゼーションと長期停滞論

だが、問題はラディカル派の議論にも跳ね返ってくる。「市場の不安定性」に関する、従来のポスト・ケインジアンの議論で今日の状況が十分に捉えられるだろうか、という問題が残るからである。なかでも、グローバリゼーションという現象をどのように考えるかという点が重要であろう。結局、ミンスキーなどのポスト・ケインジアンのモデルも一国単位の経済を前提としてきたからだ。新しい問題は、グローバリゼーションという現象をどのように歴史的に認識するのかという点にある。

常識的に見て、覇権国の政治的経済的ヘゲモニーの衰退と主導産業の長い交替期が訪れると、世界経済は長期停滞局面に入る。そうした観点から見ると、現在、グローバリゼーションは第三局面に入りつつある。第一局面の一九八〇年代は、オイルダラーの偏在問題を解決するためにユーロ市場の発達が促された。

多くの先進諸国において金融自由化政策が進められたが、結局、それはバブル経済とその破綻に帰結した。

第二局面の九〇年代になると、証券化・グローバル化が一層進んで、度重なる国際金融不安がもたらされるようになった。九四年末のメキシコ、九七年の東アジア、九八年のロシアを発火点とする通貨危機・経済危機のことだ。九〇年代に発生した国際金融危機には一つのパターンがあった。まずアメリカが新興工業国に金融自由化を迫り、ヘンジファンドが先導役となって金融市場を食い荒らす。つぎに、それがアメリカの株式市場に跳ね返ってきて、クラッシュ（暴落）を引き起こす。そして、投機マネーは行き場がなくなり、結局、アメリカに戻ってきてバブル経済が維持され、とりあえず国際金融危機は「収束」した。その間、アメリカが新興工業国の金融市場を食い荒らした結果、これらの国々では不良債権が累積して金融システムが「破壊」された。アメリカの「一人勝ち」現象が起きた。結局、「安全」な投資先として最後に残ったのはアメリカ自身である。九八年のロシアのデフォルト危機を契機にした国際金融不安の後、行き場を失った投機マネーが向かったのがITベンチャー企業であった。九九年にナスダック市場は急激な株価上昇を経験した。そしてニューエコノミー神話が、この株高を支えてきた。

しかし、二一世紀に入った第三局面では、いよいよアメリカのITバブル経済が弾け始めて、アメリカ本体の経済が減速している。この第三局面が危険なのは、ニューエコノミー神話を支えてきたITバブルが崩れ、国際金融のコアに位置するアメリカで実体経済の悪化が進行しているという点にある。もし、このままアメリカ経済の減速が進んでゆけば、さまよえる投機マネーは最後に戻る場所を失ってしまう。中長期的視点から見ると、行き場を失った投機マネーが激しく動き回る、本格的に不安定な時代に入るだろう。

事態の展開は、一九世紀末と一九二〇―三〇年代と次第に似てきている。問題は何が類似していて何が違うのかという点にある。現在のところEUがアメリカに取って代わるほどの力を持ち合わせていない。もちろん世界戦争という最大の公共事業は完全に禁じ手となった。その意味で、事態は大戦間より不透明である。かつてのブロック経済と異なる形で、いかに地域経済協力を築きながら、新しい国際通貨体制を構想するのかという点が問われている（金子勝［一九九九c］参照）。

### 制度改革の視点

もちろん、なぜ長期停滞局面がもたらされたかについては、国内的要因の分析も重要である。何よりも、なぜバブル経済が発生したのか、そして、なぜバブル破綻後の金融システム不安が深刻化したのか、あるいは、なぜ不良債権処理がもたついたのかという点を明らかにしなければならない。その政治経済的分析が不可欠だ。主流経済学の枠組みを前提としているかぎり、こうした事態を解明することは不可能だからである。

しかし残念ながら、現状のマルクス経済学はもちろんのこと、レギュラシオンにせよアメリカン・ラディカルのSSAにせよ、こうした問題に答えていない。フォーディズムやポストフォーディズムといった議論は、あくまでも一九八〇年代までの製造業の生産過程と消費過程を対象とした「分析」にすぎない。なるほど無限の価値増殖という資本の動態概念、そして資本蓄積という概念装置は、主流経済学にはない有効性を持つ。それゆえゲーム理論を使った新制度学派とは違う観点、すなわち資本蓄積と制度構造の連関から日本企業を分析できる。違った観点からではあるが、筆者も日本企業に関する青木昌彦や小池和夫の主張を批判してきた（金子勝［一九九七］第四―六章、参照）。

だが、いま資本蓄積と制度の連関構造を問題にするのなら、何よりも、金融ビッグバンや会計ビッグバンに見られる「グローバルスタンダード」導入の影響を分析しなければならない（筆者の分析については金子勝［二〇〇〇b］参照）。自己資本比率規制やペイオフ、あるいは連結キャッシュフロー計算書や時価会計主義や年金債務の開示義務が与える影響を無視して、本当に資本蓄積軌道なるものを論じられるのだろうか。仮に、レギュラシオンやSSAアプローチを踏まえるとしても、こうした問題にどのように応用するのか。あるいは、そのフレームワークが利用しうるのか否かという点から問う必要があるだろう。

その際、必要なことは目指すべき社会ビジョンを語ることである。もちろん、それは一つでなく複数であってよい。むしろ複数存在する方が自然だろう。目指すべき社会ビジョンを語ることができなければ、人々が求めている具体的課題に応えることはできない。人々が抱える問題に応えられない経済学は滅びるしかない。だが、残念ながら、批判経済学全般に言えることだが、冷戦体制が崩壊して以降、そうした語りは全く消えてしまった。もちろん、現存した「社会主義」がいかに理想とかけ離れていたものであったかを回顧するなど、知的怠慢以外の何物でもない。

批判経済学を蘇生させるとすれば、冷戦体制の崩壊という現実を正面から受け止めて、現状に対するオルタナティブを構想することが大事であろう。中央計画型社会主義が崩壊する一方で、市場原理主義も世界と日本の経済を混乱に陥れている。マルクス経済学にせよ新古典派経済学にせよ、従来の経済学はこうした事態に十分に対応できているとは思えない。座標軸を根本的に組み替える必要がある。その際、筆者が問題にしてきたのは、〈個と共同性〉という〈近代が作り出した分裂〉をいかに乗り越えてゆくのか、という論点である（金子勝［一九九九b］［一九九九d］）。そうした観点から、筆者は、財政赤字・社会保障制度改革・地方分権化などについて、具体的な提案を行ってきた（たとえば神野直彦・金子勝［一九九八］［一九九九f］［二〇〇〇c］参照）。

その際、抜け落ちてはならない論点は、世界中においても日本社会においても経済格差が著しく拡大している点である。従来、マルクス経済学は格差や不平等を問題にしてきた。だが残念ながら、いまやマルクス経済学の階級概念では、現実に起きている格差や不平等を扱うことはできない。生産手段を持つか持たないかといった単純な議論ではすまなくなっているからだ。知識経済と言われているように、今日、経済格差は教育システムを通じて拡大再生産を始めている。しかも教育システムは、決して階級意識を作り出しはしない。もちろん「労働者は騙されている」という主張も全く説得力はない。より多くの理論家たちの理論的革新が求められている。根本から考え直す以外に、批判経済学は生き残れないだろう。そうした危機感を表明して筆を置きたい。


**参考文献**

法政大学比較経済研究所・金子勝編［一九九六］『現代資本主義とセィフティ・ネット』法政大学出版局
金子勝［一九九七］『市場と制度の政治経済学』東京大学出版会
金子勝［一九九九a］『反経済学――市場主義的リベラリズムの限界――』新書館
金子勝［一九九九b］『セーフティーネットの政治経済学』筑摩新書
金子勝［一九九九c］『反グローバリズム――市場改革の戦略的思考――』岩波書店
金子勝［一九九九d］『市場』岩波書店

金子勝［二〇〇〇ａ］『経済の倫理――反経済学の視点から――』新書館
金子勝［二〇〇〇ｂ］『日本再生論――市場対政府を超えて――』ＮＨＫブックス
大島通義・神野直彦・金子勝編［一九九九ｅ］『日本が直面する財政問題』八千代出版
神野直彦・金子勝編［一九九八］『地方に税源を』東洋経済新報社
神野直彦・金子勝編［一九九九ｆ］『「福祉政府へ」の提言』岩波書店
神野直彦・金子勝［二〇〇〇ｃ］『財政崩壊を食い止める』岩波書店

# 市場・国家・社会　来るべき経済社会と経済学

杉浦克己

イデオロギー的対立の終焉という現実に基づいて、市場社会の基礎上に二一世紀の経済社会を構想したい。この試みにおいて最も重要なことは、市場・国家・社会の三セクターを総合することにより、年金・介護・医療問題や環境問題などに対応していこうとすることである。ここでの検討の焦点は、市場・国家二セクターによる経済管理モデルをこえる要因として導入される固有の社会領域の取り扱いにある。そこでは、まず、伝統的な家族・地域社会を改めるなかでボランタリーな社会的絆を新たに創造していくこと、この改革のなかで個人の主体性・自発性や市場的要素を導入すること、などが課題として浮上する。ことに後者としては、市場関係を新たな脈絡で読みかえ、新たな意味を付与することにより、市場関係を社会的制度によってからめ取り市場取引を規制しようという方向が考えられる。こうした制度進化のあり方を明確にするためには、経済学の再生が必要である。

すぎうら・かつみ
1937年生まれ
帝京大学経済学部教授・東京大学名誉教授
専攻：社会経済学，経済思想史

『コミュニケーションの共同世界――相関社会科学序説』東京大学出版会，1993
『市場社会論の構想――思想・理論・実態』（共著，杉浦・高橋編）社会評論社，1995
『制度と組織の経済学』（共著，河村編）日本評論社，1996

## 1 市場・国家・社会として対応すべき課題

二一世紀経済社会構想におけるポイントの少なくとも一つは、少子高齢化のなかでの年金・介護・医療問題である。この問題を、市場経済にのみゆだねるのは、金子勝が「老いと死の市場取引」で指摘するように、極めて危険なことである。他方で、この問題を、国家管理にのみゆだねるのは、財政破綻の現状から見ると、実現困難なことといえよう。これは、市場か国家か、あるいは、資本主義か社会主義か、という種類の対立として捉えきれる問題ではなさそうである。

年金・介護・医療問題にとって、固有の社会領域の意義は大きい。それは、もともと、家族や地域社会の伝統的な仕組みによって負担されてきた。しかしながら、妻の労働参加率が上昇しており、生き甲斐という理由からも家庭外の仕事は不可欠という状況にあり、また、ことに都市部においては、家庭が互いに孤立化して、家族を支える地域の助け合いのシステムも崩れつつある。こうした状況のなかで、家族が老齢世代の世話を維持することは次第に困難になってきている。また、伝統的な制度だからといって、それを家族に強制することは、家父長的関係を温存維持する面を有するともいえる。

これまで主としてこの問題を処理してきた固有の社会領域が、もはやその任務に堪ええないことになってきているのである。そこで、国家や市場の関連が導き入れられてきていたが、その困難が明らかになってきたのが現状である。そこで、この問題の解決にあたっては、市場・国家・社会の三セクターが総合し力を合わせて対応せざるをえなくなっているといわざるをえないのである。

このように、二一世紀の経済社会を構想するときに、三セクターの総合が必要となる課題が、少子高齢化対応、環境対応など、増えてきているのである。

## 2　市場・国家・社会モデルの源流

三セクターモデルの思想・学説的源泉は、カール・ポランニーである。

もともと、経済学は、スミスによる「みえざる手」の原理＝市場の自己調整メカニズムの発見により成立したと考えられている。市場経済で自立しうるというのであるから、これは、一セクターモデルであるが、ただ、スミスの場合には、経済学がそれのみで存立していたわけではなくて、道徳哲学・法学を基礎として、社会科学の一環として成立した。経済学の独立・自立は、むしろリカード以降のことである。ここで、利己心——利潤増殖のための競争——が、市場社会としての存立を保障することが示されて、経済学はそれ自体として存在していくのである。

これに対して、マルクスは、資本主義経済が、歴史的に限界を有する、一つの特殊歴史的な生産様式であると見ていた。彼は、その歴史的な限界を、労働疎外とか物神崇拝とかによって表現したが、唯物史観との関わりからいうと、それは生産力と生産関係の矛盾として示されていた。とくに、『資本論』体系においては、資本主義の内在的矛盾が顕在化する展開のうちに、資本主義システムの調和的・安定的な自己調整メカニズムが否定されていくのである。

こうした理解は、資本主義に対してその外部が存在することを前提とするものであるが、この観点から見ると、マルクスは、市場経済を共同体との関連で把握する議論であった。共同体と共同体との間に始まった市場が、次第に共同体を解体し、生産過程をも捉え、ついには基本的な生産過程にまでなったのが、資本主義社会であった。資本主義についても、その外部が想定されるが、外部との関係については、資本主義は文明化作用を及ぼす生産様式と捉えられていて、伝統的非資本主義的関係は、次第に資本主義的関係に解体されるものとみなされていたのである。

他方で、資本主義自身が内在する矛盾によって自己否定的作用を及ぼす点については、基本的には資本と労働の間の階級闘争を経て非資本主義社会に転換していくものとされた。この変革過程については、マルクスは、社会主義・共産主義を目標とするとしていたのみで、具体的過程については多くを語っていない。

したがって、マルクスが、非資本主義的システムを包含する形で、一つの経済学理論を説いていたわけではなかったのである。

資本主義的関係と非資本主義的関係の歴史的展開過程を、資本主義の近代化論とは異なる仕方で捉えたのは、宇野段階論であった。本論との関わりでみた宇野の議論の特徴は、彼が、資本主義の限界を、生産関係が全面的に商品化する三大階級社会への純粋化傾向の限界としても認識した点である。資本主義の衰退段階には、資本主義は、非資本主義的生産形態を温存し、利用する関係に入ると見ているのであって、ここにおいては、市場関係と非市場関係とが、並存しつつ、これも非資本主義的要因である国家によって階級対立が宥和されつつ、帝国主義的な対立関係に入るとされているのである。ただし、宇野の場合には、こうした段階にある資本主義も、やがては社会主義に転換していくものとされていたのである。

しかし、現在われわれが直面している事態は、資本主義から社会主義への歴史の必然的な移行のなかでの一段階におけるものとはみなされていない。ソ連・東欧の社会主義の失敗は、資本主義対社会主義のイデオロギー対立として現代を捉える歴史観そのものの終焉をもたらしたのであって、資本主義はその外部にある非資本主義的関係によって打倒されるべきものとみなされているわけではない。この点に、三セクター分析の今日的意義があるのである。

三セクターモデルの基本枠組みを形成したのはポランニーであるが、彼は、社会のうちに埋め込まれていた経済が、市場として離床し、それ自体があたかも自己調整メカニズムを有するシステムのごとき存在となって自立するとし、近代を非市場的要因が市場経済化する過程と見た。彼は、これを「大転換」という概念でおさえているが、この中で市場は全面化しうるわけではなかった。非市場的社会の自己防衛の作用によって、市場と社会との間には二重運動と名付けられる対抗的関係が生まれた。また、市場経済の自己調整メカニズムは、労働・土地・貨幣が商品とされていることを前提とするが、これらは、本来の商品ではなく、商品化は幻想であって、それらを彼は擬制商品と呼んだ。このような市場・社会像を設定したのは、やがて市場が社会をまくり返す過程を想定していたからである。それにしても、近代の市場社会においては、市場と非市場の両要因が並存する構造を想定していたのである。しかも彼は、市場社会を構築し、まとめ上げている基本的統合形態を、交換・再分配・互酬としていたのである。これは、市場社会を市場・国家・社会の三セクターモデルとして捉える理解を提示していたものといってよい。

## 3　市場・国家・社会の構成原理

市場・国家・社会のそれぞれの基本的統合形態は、交換・再分配・互酬であるわけだが、これらの三形態を存立せしめる人間の動機あるいは人間的原理は、それぞれ自己中心性（利己性）・公共精神（公共性）・相互扶助（利他性）である。

リカード以降の経済学においては、市場経済の自立性が、自己中心性（利己性）を原理として展開されてきた。それは一セクターモデルであるが、マルクス、ポランニーのいうように、労働などの商品化に無理を抱えるものであった。ケインズによるマクロ経済モデルは、市場経済を公共精神（マクロ合理性）により管理するものとして、経済システムが存立しうるものとされてきた。しかし、一つの社会としては、人の生活を包み込む家族・地域共同体の存在は不可欠であった。こうしたなかで、家族・地域社会を通して、人々は助け合って生活してきたのである。また、市場経済の担い手たる企業の内部においては、独自の労働組織を構成し、それに関連して労働組合などの相互扶助組織を生み出してきたのである。こうしてみると、今日の市場社会においては、交換・再分配・互酬という形態は、いずれも不可欠な要素であり、また、それを支える自己中心性（利己性）・公共精神（公共性）・相互扶助（利他性）という原理も不可欠であるといってよい。

さて、これら構成原理についてまず注目すべきことは、それがスミスにおいては、人間は自己中心的であるが、しかし他者に対する共感をも有する存在であるとされていたことである。この共感は、ヒュームによりコミュニケーションの原理として採用されたものであって、スミスにとっては利他性を表す慈恵の原理とは区別されていた。彼は、市場社会を念頭に置いて考察していたが、再分配とか互酬とかという形態をも考慮に入れるときには、公共性・利他性という原理とともに、こうした人間関係が成立しうる基盤としてのコミュニケーションの原理＝共感を想定しておくべきであろう。また、マルクスにおいては、人間は本質的に社会的存在とされているのだが、この社会性は、スミスにおける共感の原理に、公共性と利他性を加味した意義を有しているのではないかと思われる。

もう一つ、人間関係の構成原理に関して注目すべきことがある。それは、ブラウによる社会的交換という概念に表現されていることである。社会的交換という概念は、ここでは互酬と表現してきた二者関係なのだが、ブラウがそれを交換に帰着させているのは、クラ交易（マリノウスキーにより報告されたトロブリアンド諸島における財贈与システム）などの互酬関係が確立され、人々がその制度を前提として行為するに至ると、この関係を維持するのは、個々人の名声、評判などの自我を対象とする動機が主たるものになってくる。その限りでは、自己中心的な原理が、互酬制度を支えるに至るわけである。しかしながら、ここで注意しなければならないのは、そうした名誉や評判を求める欲求は、商品経済的な金銭欲とは全く異なる動機だということである。ベッカーが、利他主義を、個々人の選好関数に導入したとき、他者の幸福に対する貢献によって彼が得る満足という形で、互酬関係に秘められた自己中心性が把握されているが、互酬的制度維持に必要な名誉・評判を求める動機を、商品交換を引き起こす金銭的動機と同一視するものになっている。これは、市場関係の制度と互酬関係の制度との相違を意識しないものになっている。

さらに、この社会的交換概念については、ブラウ自身が、その制度の維持メカニズムを創造過程から区別している点にも留意すべきである。制度の始源においては、その維持とは異なる原理が必要になる。互酬関係の場合には、他者に対する配慮が、制度の発生において存在していると見なければならないし、それはまさに互酬という形態に固有の原理でもある。三セクター分析において、市場経済に固有の社会領域を絡めていくというのは、それぞれの形態に固有の原理を重ね合わせていくことを意味する。しかし、そのことは、諸制度の連関構造の維持が問われたときに、個々人の自己中心的な原理が重要な役割を果たすということと、決して矛盾することではないのである。

## 4　市場・社会の境界領域における制度改革の可能性

ポランニーは、経済は制度的過程であるという。経済統合の諸形態である交換・再分配・互酬は、いずれも制度としてある。制度としてあるということは、繰り返しの慣習的相互行為としてあり、それがルールとして当事者を拘束するということである。制度としてある行為自体は、合理的に構成されたものではないが、ただし、制度とそれを維持する行動原理を与えられたものとするとき、当事者は、目的合理的に行為することにもなる。この目的合理性は、制度維持的メカニズムが、行為者の自己中心的行為原理に基礎を置くことが多いということと結びついているといえよう。そのことは、制度化された行為の範囲内で合理的に振る舞うということであって、いずれにしても、市場・国家・社会のいずれの領域においても、人々の行為は制度に則って取り行われているのである。

人々の行為が、制度に準拠して行われるということは決して過小評価すべきことではない。現在、日本の若者については、公共性そのものを喪失していることが深刻な事態になっている。公共秩序そのものの崩壊が憂慮されているのである。こうしたときに、伝統に基づく秩序を維持することの意義は小さくない。諸々の経験の積み重ねの上に形成されてきた制度は、社会の絆を維持する役割を果たしてきたのである。だが、初めに検討したように、これまでの経済社会を延長して持続しようとすることによっては、少子高齢化のなかでの年金・介護・医療問題の解決はおぼつかない。むしろ、環境制約に対する対応も含めて、制度の変革、新たなる制度の創造こそが、現代の主要な課題となってきているのである。

そして、これまでに見てきたように、改革の焦点となるのは、固有の社会領域、それも市場との関連における社会領域においてである。そこにおける制度変革が、どのような方向性をもつべきかを考察する必要がある。年金・介護・医療分野では、これまで大きな役割を果たしてきた伝統的社会ルールが限界を迎え、しかも国家や市場の関連によっては解決困難な状況に立ち至っている以上、新たにボランタリーな相互扶助システムを創出していくことが今後の重要な方向とならざるをえない。しかもそこで、非営利組織NPOなどが、重要な役割を果たすであろうし、それも理性的に設計されるというより諸々の実験的試みの累積のうちに、次第に新たな制度が発見され、それが構築されるに至るというように発展するであろうことも十分予想しうるところである。

ただ、そうしたなかで、制度形成の問題として留意されるべきことは、個人の意欲がことのほか重要な役割を演じなければならないということである。これは市場原理が、社会領域との関連で、少なからざる役割を果たすべきだということとも関連することであるが、例えば老後の生活安定や医療において、個人の発意、意欲、そして責任はもっとも基本となるべきであろう。医療保険制度においても、病気にかかりにくい習慣を維持する人には、保険料が減額されたり、病を予防するような仕方で保険料が積極的に使用されたりすれば、個々人にとっても、全体としての保険制度の維持にとっても好都合である。このように個の主体性を活かすということは、単に伝統的な共同体的ルールを閉鎖的に守るということとは異なることを意味する。個々人が新しい制度構築に向けて、積極的に関与していく必要があるであろう。

次に、市場原理が、社会領域の制度変化のなかで大きな役割をもつというとき、この市場についても、諸々のあり方があるということが留意されなければならない。ブローデルは、市場経済と資本主義とを区別している。市場経済には、人々の生活に密着する生活物資のやり取りに関わった意義が与えられ、資本主義には、経済の実体的意味から切り離されて、ただ利潤を獲得するための競争・ゲームといった意義が与えられている。こうした区別のなかで、前者の市場経済は、地域社会における生活世界と結びついているのである。現在注目されつつある地域通貨の試みも、形態的には商品と貨幣の交換になっているが、貨幣自体が、人々の助け合いの成果として形成・維持され、この通貨の利用が、地域社会を開放的に支えていこうとするお互いのための諸々の斬新なアイディアに支えられているのである。地域通貨の流通に、こうした人々の協力、相互扶助関係と、斬新なアイディアが重なったとき、そこには、新たな市場が登場するのであって、それは形の上では商品交換の形式をもっていても、それに追加される関係によって、固有の社会領域に配置されるべき要素ともなっているのである。

制度が、新たな関係や意味を付与されることによって、新鮮さを回復し、社会的にも新たな役割を演じうるであろうことは、内橋克人が紹介する公正貿易のケースや、環境に対する社会的取り組みのなかにも見られる。途上国のコーヒーを生産者の生活を保障する安定価格で輸入することは、純粋な市場競争の否定といわれることもあるが、しかし、もともと、商品流通自体が、商品そのものについての不確定要因を秘めているのであって、例えば遺伝子組み替え作物であるかどうかなどは、均質とされる匿名の市場取引では確かめえない。若干追加コストを要するとしても、生産方法について確信を持ち、生産者を想像しつつコーヒーを味わう習慣が形成されるとしたら、そうした新たな制度・意味付与が、市場関係をむしろ豊かにするものになるし、それが、公正なものとして設定された価格を実現するのであるならば、市場関係そのものを改善することになるのである。また、環境規制も、ただ単に法規にのみ依存するのではなくて、市場における取引関係そのものに、新たな意味を付与して、生産者・消費者が協力して環境問題に対応していくことも考えられる。これも、市場関係に社会的意味が付与されて、市場関係が豊かなものになり、またそれが、固有の社会性を帯びていくと考えられる。

## 5 根源的な思想・哲学的反省を進めるために

こうして、三セクター分析の観点からするとき、焦点は、市場と社会の制度が重なり合う領域にあり、それも、諸々の制度変更を試みつつ、それを組み込んでいくことにある。それは、年金・介護・医療など主として生活に密着する分野で積極的に進められることにならざるをえない。ただし、市場社会には、構造として中核と周辺があるのであって、金融・通貨などのもっとも中核の領域については、市場のゲーム的な機能を積極的に活かすことも考えられる。それにしても、二一世紀の経済社会構想において最も注目されねばならないのは、生活世界に重なる分野である。ここのところで、諸々の経験が積み重ねられ、それぞれの地域社会やボランタリーに結成される組織が、多様かつ多元的な仕方で、独自のアイディアに基づき独自の制度組織の構築を進めていくことが求められている。こうした、それぞれが独自の制度組織の改変と創造を進めることは、人々が一つの習慣化を通して共同の世界を構築していくことを意味しているのである。それは、共同主観性の概念を基礎とするものであるが、これは、合理的な人間が、理知的に構成するものとしてあるとはいえない。むしろ、言語ゲーム的に、人々が相互関与のうちに、その課題およびその解決策を発見する探求過程のうちに、習慣として沈殿してくる制度・組織として形成されるにすぎないであろう。こうした共同主観性の理論を包摂しうるためには、われわれは、思想・哲学的な根源にまで達する思考を進める必要がある。この中で、デカルト的合理主義やホッブス的社会契約主義を脱却していく必要がある。われわれが、新古典派経済学の思考方法に違和感を覚えるのはこうした点も含まれる。

反対に、旧守的な伝統擁護のみでも、二一世紀における深刻な課題の解決を果たすことはできないであろう。

経済学のあり方としては、マルクス経済学のみならず、歴史学派、制度学派、シュンペーター学派などの伝統を活かしつつ、多角的、多元的に理論構築を行い、二一世紀経済社会構想の基盤に据えて行くべきではないだろうか。

**参照文献**


Becker, Gary S. [1974] "A Theory of Social Interactions," *Journal of Political Economy*, vol. 82, no. 61.
ピーター・ブラウ『交換と権力——社会過程の弁証法的社会学』（間場寿一・居安正・塩原勉訳）新曜社、一九七四年
フェルナン・ブローデル『日常性の構造』（村上光彦訳）、『交換のはたらき』（山本惇一訳）、『世界時間』（村上光彦訳）みすず書房、一九八五—九六年
金子勝［二〇〇一］「老いと死の市場取引」（金子勝・大澤真幸「高齢者医療——老いの現場で　見たくない思想的現実を見て歩く第二回」『世界』二〇〇一年一月号）
カール・ポランニー『大転換』（吉沢英成・長尾史郎・杉村芳美訳）東洋経済新報社、一九七五年
カール・ポランニー『経済の文明史』（玉野井芳郎・平野健一郎訳）日本経済新聞社、一九七五年
杉浦克己［一九九三］『コミュニケーションの共同世界——相関社会科学序説』東京大学出版会
杉浦克己［一九九五］「市場社会論の人間・社会観——個人主義と構造主義の総合」（杉浦克己・高橋洋児編『市場社会論の構想——思想・理論・実態』社会評論社）
内橋克人［一九九五］『共生の大地——新しい経済がはじまる』岩波新書

Ⅳ 政治経済学の再生に向けて

# 二一世紀の経済学

米田康彦

マルクス経済学を新しい世紀に発展させていくについて、基本的に二つのことを考慮しておく必要があると思われる。第一は、マルクス経済学が「開かれた体系」であり、一般理論においても、新しい現象を含めて再構築を不断に行っていくべきこと、第二は、マルクス経済学のみならず、これまでの経済学が共通の前提としてきた国民経済という前提が、現在揺らぎつつあることを考慮して、そこに登場している新しい課題に敏感に対応する必要性（経済学の再構成の必要性に対応すること）である。

## 1 はじめに

二一世紀にはいって、経済学はいくつかの側面で反省を求められていると思われるし、また同時にこれから大きく発展する可能性を秘めているとも思われる。私の主として関わってきた分野からして、私に発言できることはマルクス経済学に限定されているが、これまでのマルクス経済学がいくつかの点で脱皮

**よねだ・やすひこ**
1938年生まれ
中央大学経済学部教授
専攻：経済理論
『経済学』（共著）大月書店，1988年
『労働価値論とはなんであったか』（共著）創風社，1988年

を迫られていると同時に、マルクス経済学の有効性がこれまで以上に評価されるときが来ているように思われるのである。

ただし私が現在いえることは、二一世紀の経済学についての具体的な構想ではない。そうではなくて、現在マルクス経済学が抱えていると思われる問題、あるいは解決の展望が何らかの意味で見える問題を、私が感じる限りで指摘しておくということ、このことに限定したい。以下あらかじめ、私が取り上げたいと思っている問題群を指摘し、それからややそれらの内容に立ち入ることとする。とはいっても、そういった問題を本格的に論じることは、ここでは出来ないだろうから、いずれにしても問題提起の域をでるものではないが。

マルクス経済学の内容に関わる論点として、いくつかを挙げてみよう。まずマルクス経済学理論の再検討をめぐる問題点がある。もちろん、理論の再検討といってもその含意は幅広いが、ここで考えている内容は、マルクス経済学の理論を「閉じた」体系として理解するのでなく、「開いた」体系として理解しようということである。その具体的中味については後で触れることにしたい。

つぎに、マルクス経済学が新しい課題として分析しなければならない対象の変化がある。一九九〇年代に、いわゆる「社会主義」諸国が崩壊し、それまでの「両体制間の冷戦構造」が解体した。それ以後、通信技術革命の進展ともあいまって、グローバリゼーションの波が世界を蔽っている。ここには我々の分析を待っている大きな領域がある。また、これとも関わって地球環境問題が人類共通の課題として存在している。地球環境問題は、経済学だけの問題ではないが、学際的協力を何より必要としているこの分野の発展にとって、経済学のなしうることは大きいと思われる。

以上のような課題を通じてマルクス経済学の体系をどのように考えるか、という問題が浮かび上がる。これが最後の問題である。

## 2　マルクス経済学理論の再検討

最近我が国でも外国でも、マルクスの価値論についての議論――マルクスの価値概念を否定する――が起こっている。そのこと自体について論じるのは別稿にゆずる（ただし結論的に一言だけ触れておくと、マルクスの価値概念が論証できないという理由で労働価値論を否定するのは、マルクスの方法に対する誤解であると考える――さしあたり拙稿「価格と価値論ノート」、『現代資本主義と労働価値論』中央大学出版部、二〇〇〇年、所収、および「20世紀経済学の回顧――価値論論争史」、『経済科学通信』九五号、二〇〇一年四月、参照）が、たとえば価値概念を本質、価格概念を現象とする考え方がマルクスのものだとすると、そういった本質―現象という連関を認めることの意義がそこでは理解されていない、という感じがする。

そういった本質―現象という構造を認めない、直接に認識可能なものだけを分析するというのは経験論的な思考方法だから、ここでは経験論的・実証論的思考方法が妥当かどうか、ということが問われているわけだろうが、他方で同時に、これまでマルクス経済学研究者の中で、本質にこだわりすぎていて現象の重要性をややもすると無視する傾向があり、その反動が生じているような気もする。こうした印象がもし誤りでないとすると、これまでのマルクス把握の一面性を反省する必要は大きいといわざるを得ない。そしてそれはマルクスへの復帰（方法的な復帰）への一歩というように考えられるだろう。

もう少し具体的に例をあげてみよう。マルクスは初期ノートで、次のように述べている。

「この学派（リカードゥ学派――引用者）は抽象的な法則（傍線はマルクス、以下同様）を述べて、この法則の転変と不断の止揚――それをとおして法則ははじめて生成するのだが――を無視している。たとえば、生産費は究極において――というよりも、むしろ周期的、偶然的に需要と供給との一致が生じたばあいに――価格（価値）を規定する、というのが不変の法則であるというのなら、需要と供給のこの関係は一致しないし、したがって価値と生産費との間にはなんら必然的な関係はない、というのも、同様に不変の法則である。」（マルクス『経済学ノート』杉原四郎・重田晃一訳、未来社、一九六二年、八六ページ）

マルクスの趣旨は明らかだろう。いうまでもなくここでマルクスは、投下労働価値説が成立しない、などといっているのではない。そうではなくて、投下労働価値説において論議される価値と、現実に変動を繰り返す市場価格との関係について、述べているのである。

この段階で、マルクスが価値と価格の関係について具体的解明を行ってはいないのは事実だけれども、こうした視角は『資本論』執筆後まで変わっていないと考えられる。だから、「価値法則の貫徹」ということについても、いかにしてそのことが行われるのか、そのプロセスで市場価格はどのような役割を果たすのか、ということを明らかにすることが必要であると考えられる。

同じようなことは、所得源泉と所得に関する「三位一体」（資本―利子、土地―地代、労働―賃金）についても、いえる。マルクスはこの「三位一体」関係を、資本主義的生産の内的法則の必然的現象形態である、と考えている（ただし、運動の中で観察することによって、この「三位一体」がより内的・本質的関係の表現であるに過ぎないことが分かる、と指摘する）。こうした客観的基盤があるからこそ、こうした関係を実体化する、ブルジョア経済学的観念が形成されるのである。

同様のことは、労働力の価値と賃金との関係についても（当然のことながら）当てはまる。現象として賃金は、労働者が行う労働に対して支払われる。労働力に対して支払われるのではない。けれども、社会総体として労働者階級に支払われる賃金は労働力の再生産を可能にする水準でなければならない。さもなければ、その社会は持続できないであろうから。これまで賃金形態は、資本主義的生産の内的関係である労働力の価値（価格）を隠蔽するものである、と理解されてきた。そのことは誤りではないけれども、他方で賃金形態そのものが展開する独自の規定性にもっと留意される必要がある。

このように考えると、マルクスが『資本論』で主として展開した内的な諸法則をより精細にわたって明らかにするだけでは充分でない。現実が提起する諸関係、それらは資本主義社会が発展すればするほど複雑となるのだが、それらと内的諸法則の関連を解明するという課題が残っていることになる。

たとえば一八七〇年代に始まる限界効用学説は、中産階級の消費生活が豊かになり、消費における選択が現実の問題となり始めたことと深く関連している（大ブルジョアだけでなく、中小ブルジョアにおいてもまた小さな絵画や壁紙や部屋の飾りが流行し始める――万国博覧会がはじめて開催されるのが一九世紀中葉である）。所得の向上と新中産階級の増大とともにこうした傾向は拡大し、二〇世紀を経て二一世紀となった今日、個人の嗜好と選択とを無視して、需要や消費動向を語ることはできない。

消費に関してだけではない。投資（貨幣財産としての投資）についても現代に近づくほど選択肢が多様にありえ、それを分析するポートフォリオ理論も登場している。しかし、このように投資における選択が重要となったからといってリスクとゲインのトレード・オフという一般的関係だけを見るのでなく、また危険の確率分布に目を奪われるのでなく、公衆の「期待」形成という要因を見据えながら同時に、その

「期待」が単なる共同幻想ではないこと、「期待」の変動それ自体が産業循環や経済構造の変化などの、冷厳な客観的推移によって制約されていることを分析することが必要であろう。したがって国民所得分析、経済成長や産業循環分析についても、マルクス経済学として手をつけなければならないことは数多いといえる。

このような問題が存在することを考えれば、マルクス経済学が計量分析の手法にもっと習熟する必要があることが分かるだろう。もちろん、計量分析によって理論把握にとって代えることはできない。しかし現代の豊富に得られるデータを利用し、分析することが必要であることは、明らかといえよう。計量分析を通じて理論の妥当性を確認する手段を手に入れることができるからである。

## 3　現代の国際通貨問題

前項で述べたことはこれまでマルクス経済学がフレームワークとしていた、国民経済およびその集合体としての世界経済（国際経済）という枠組みの中で考察できることである。もちろん、現代的に見れば独占資本主義、帝国主義、国家独占資本主義などの、二〇世紀の経済分析に使用されたカテゴリー（別の言い方をすれば、植民地主義とか福祉国家もそうである）を利用しなければならないが、それらもブルジョア社会を国家が総括するという前提を踏まえてのものであった。また第一次世界大戦後の「社会主義」国ソヴィエトロシアの登場にしても、第二次世界大戦後に成立した「社会主義世界体制」にしても、資本主義社会の外側に異なる体制が成立し、そのことがさまざまなインパクトを資本主義社会の側に与えてきたとしても、資本主義経済の基本的枠組みのところでは経済理論のフレームワークを変えないという前提で研究されてきたといえよう。

ところが本項目で述べることと次の項目で述べることは、新しい問題の所在を示しているように思える。その第一は国際通貨をめぐる問題であり、そのために必要な貨幣分析である。というのは一九七一年の金＝ドル交換停止、一九七三年の変動為替相場制導入以来、商品貨幣としての金は、その地位を象徴貨幣に奪われてしまったかのように見えるからである。ロンドン金市場での金価格は低位にあり、変動為替相場制の下でも国際貿易、国際資本移動は活発に行われている。こうした状況は、少なくとも両大戦間期、一九三〇年代の金本位制停止の時期とは大きく異なっている。なぜこうなっているのか？　本質的に金が世界貨幣である、というだけでは現在の事態を解明することはおぼつかない。

私がこの問題についての十全な解答を持っているわけではないが、一つのポイントとして以下のことを指摘できるだろう。変動為替相場制で、かつ世界的中央銀行による通貨管理が不在である下で、貿易や国際資本取引が活発化した一つの要因は、先物取引を利用したリスク回避システムが構築されたことにあると思われる。多様な先物取引商品を利用することで、変動為替相場制の下で不可避的に発生する国際取引のリスクを小さくすることができるからである。

しかしこのシステムは、他方で積極的にリスクをとる取引者を必要とする。その典型的存在がヘッジファンドである。あるいはユニバーサル・バンクの行うディーリングである。してみると、このシステムはリスク回避のためにさらにリスクを拡大・増幅する装置を通じて可能となったといえるのではないか。そしてそこに存在するリスクは、決してランダムに変動するわけではない。あるいはより正確にいえば、ランダム変動を繰り返しながらも、なおより長い周期で実体経済を反映した変動を画くのである。

そしてこうしたシステムは基本的に不安定である、というのみならず長期的に維持しがたいシステムであるように思える。そうだとすれば、商品貨幣金は現在では機能していないけれども、完全にその役割を失ったのではなく、金商品という裏づけを失った国際通貨システムが固有の不安定性をもたざるを得ない、という意味でその役割を維持しているともいえるのであろうか。

## 4　多国籍企業と国家

第二の問題は、通信技術革命を背景としながら、巨大資本が世界的な規模で開発・生産・流通に従事し、また相互に合併や提携をも含む激しい競争を行っているからである。そのために、確かに個別資本としては利益追求のために合理的行動をとっているのだが、産業全体あるいは一国の国民経済全体としてみると、整合性を失っているのである。それは具体的には長期的に続く一方的な貿易収支の赤字もしくは黒字として示される。

マルクス経済学理論では、個別資本を資本の「代表種」として論じながらも、同時に総資本の運動をも論じてきた。そして個別資本の運動と総資本の運動とのあいだには共通性とともに、独自の分析領域があることも明らかにされてきた。『資本論』第一巻第七編の蓄積過程分析における労働者人口の取り扱いや、第二巻第三編における生産手段生産部門と消費手段生産部門の部門間取引に関する問題などは、総資本の運動に固有の分析である。そしてこうした総資本の再生産・蓄積構造は国民経済の問題として把握され、この総資本の運動が、個別資本の運動を制約するものと考えられてきた。

現在の状況は、こうした理論的把握に対して再検討を迫るものといえよう。すなわち現在のところでは先に述べた国家によるブルジョア社会の総括に代わってたとえば多国籍巨大資本がブルジョア社会を総括する、などといった事態に至っているわけではないにしても、多様な階級・階層からなる国民経済・社会を統括するべき国家が、巨大な多国籍企業の行動によって深刻な困難に直面している、というのが当面の状態だからである。すなわち巨大多国籍企業は世界的なレベルでの競争を闘いながら、生産品種を転換し、また生産拠点、販売拠点を自らの利益追求のために国境を越えてある地域から他の地域へと移動するために、一国経済としての構造が破壊されているのである。こうした結果として、発展途上国はもとより、先進国といえども、自国のみの完結した再生産構造を形づくり、国民経済として整合的な社会を作ることができないでいる。これに対する一つの手段は、地域化である。EUやNAFTA、あるいはアジア地域でも議論が始まっている地域連合は、こうしたことに対する対処である。しかし他方で進行するグローバリゼーションは、現在までのところではアメリカ主導で進められ、新商品や新しい知的財産権についてのアメリカ規準が、デ・ファクトのグローバル・スタンダードとなることが多くなっている。それと同時にアメリカ資本とヨーロッパ資本との競合も激しくなっている。

そうした独占的競争が、「社会主義」諸国崩壊後予測された市場規模拡大（地理的にも、蓄積度の深化の点でも）を見越して行われ、早くも世界的な規模での過剰蓄積（生産資本および貨幣資本の――いいかえればコンピュータ・システムのもとで在庫管理は極度に合理化されているから、商品資本過剰は明確に現れることはほとんどない）が露呈しつつあるように見える。

そうした国民経済の危機は、何よりも財政危機として示され、支配継続の現代的担保としての社会保障システムを直撃している。この点は、市場メカニズムと人間生活（社会保障の規準原理としての生存権）

の間に抜きがたい矛盾が存在することの、一つの現代的事例といえるだろう。

## 5　地球環境問題

市場に関連してもうひとつ別の問題がある。それは地球環境問題（それは人口問題とセットになっている）である。マルクスやエンゲルスが工業の環境に対する破壊的作用について述べ、あるいは生産力の基礎としての人間労働力への破壊的作用について述べてきたことは事実であるが、現在では市場経済を前提としながら「持続可能な発展」の経路を探ることが喫緊の課題とされている。価格理論のレベルでは、一般的に間接税や補助金のような国家の介入が、市場メカニズムにたいしてどのような影響を与えるのか、という問題として考えられている。この問題と同時に、地球環境問題を考える際には、先進資本主義諸国と発展途上諸国との間で、抜きがたい対立と不信感が存在すること、また最近では地球環境問題の解決を、あるいは少なくとも基本的解決の方向をめざした具体的施策実施を迫るＮＧＯ、ＮＰＯの動きも活発となっていることを、経済学としてどういったフレームワークでとらえるか、ということも課題となっている。

ここでは、少なくとも「純粋経済学」でなく、経済・社会・政治との相互関係を見通した展望が必要となっていることが示されている。

## 6　経済学と市場

以上のような諸問題、一方でこれまでの経済学（少なくともマルクス経済学）の内部で扱える問題で、しかも充分展開されたとはいいがたい分野についての課題、他方では経済の新しい状況、あるいは少なくともそれへの胎動を見据えて、経済学を新しい分野に踏み込んで開拓していくという課題、これらの両側面で二一世紀の経済学の課題は大きいものがあるといえよう。こうした諸問題を見るときに、最大の問題はやはり二〇世紀に登場し、崩壊した「社会主義」諸国の「実験」を、理論的にどのように考え、そこからどのような教訓を学ぶか、という問題であるように思われる。

そして、一方では過ぎ去った「社会主義」諸国の歴史的経過を正確に把握することが重要であるとともに、他方では理論的問題として、「社会主義」ソヴィエトが登場した時期に行われた「経済計算論争」を振り返ってみることもまた、必要なことであるように思われる。ことに、そこでは「市場か計画か」が主要な論点として問題となり、計画によって経済運営をスムーズに行うことができるのか、が論じられた。現在では「社会主義」諸国の崩壊によって計画経済の展望が失われ、市場経済が有効であると考えるのが一般的になっている。

確かに市場は経済効率性を求めることに関しては最適ともいえる。しかし同時に市場は、市場に登場する人間を階層分化させることを忘れてはならない。問題は、人間の意識性によって市場を規制することがどこまで可能であるのか、その有効性と限度を見極めることにあるといえる。もし市場が単に財市場だけでなく、労働市場さらにはストック市場(土地・資金あるいは貨幣)をも含むとすれば(そして市場導入は、ロシアおよび東欧・中国の例に見られるように銀行設立まで進行すると思われるが)、その規制をどのようにするか、少なくとも手放しの規制緩和ではうまくいかないことは、現在の資本主義社会が如実に示しているとおりである。

マルクスはそもそも、未来社会(低次および高次の共産主義社会)についての必要条件を示しているが、充分条件を示しているわけではない。そして社会主義建設という具体的な課題に直面したレーニンやスターリンにしても、一種の実験を行ったのであって、未来社会の編成原理をどのように構築するか、という問題は今後に残されていると考えるべきであろう。そしてまた、現在の資本主義市場経済の運営をどのように行うか、という問題を通じてそれらの解決へのヒントも得られるのではないだろうか。

## 7 経済学研究の組織化

こうした課題を具体的に進めるために、経済学、特にマルクス経済学の領域で研究している研究者がこれからその取り組みの仕方、あるいは研究組織の仕方を変えていく必要がある。それは、国内外で研究の組織化を進めることである。もちろん、研究という仕事は優れて個人的な色彩が強い。特に社会科学や人文科学の分野ではそうであろう。けれども、現在あまりにも論点が分散しすぎているように思うのは、私の個人的感想だろうか。たしかに、一面では現実の進行が急速でかつ多面的であり、そのために取り上げるべきテーマが拡散するのは理解できないわけではない。また先に触れた「社会主義」諸国の崩壊以後、特にマルクス経済学のなかで、方法論的にも分散傾向が見えるのはある意味でやむをえないことのようである。しかしながら、自然科学分野でごく通常的に行われていることがまだ充分に行われていないことは、それだけ科学としての経済学として成熟していないことのように、私には思われる。少なくとも「協業の経済学者」マルクスを考えれば、さまざまな協力体制がしかれてしかるべきである。もっとも最近ではインターネット普及に伴って、新しい動きが出てきているようである。こうした傾向がさらに発展することを切に希望する。

**編　者**

森 岡 孝 二　関西大学経済学部教授
杉 浦 克 己　帝京大学経済学部教授・東京大学名誉教授
八木紀一郎　京都大学大学院経済学研究科教授

21世紀の経済社会を構想する

2001年5月15日　初　版

編　者　森岡孝二
　　　　杉浦克己
　　　　八木紀一郎
装幀者　林　佳恵
発行者　桜井　香
発行所　株式会社　桜井書店
　　　　東京都文京区本郷1丁目5-17　三洋ビル16
　　　　〒113-0033
　　　　電話（03）5803-7353
　　　　Fax　（03）5803-7356
　　　　http://www.sakurai-shoten.com/
印刷所　株式会社　ミツワ
製本所　株式会社　難波製本



ISBN4-921190-09-7　Printed in Japan